義認と自由
宗教改革500年
2017

Rechtfertigung und Freiheit
500 Jahre Reformation 2017

ドイツ福音主義教会常議員会
芳賀 力［訳］

教文館

Rechtfertigung und Freiheit

500 Jahre Reformation 2017

Ein Grundlagentext des Rates
der Evangelischen Kirche in Deutschland (EKD)
4., aktualisierte Auflage

日本語版序文

「この自由を得させるために、キリストはわたしたちを自由の身にしてくださったのです」（ガラテヤ五・一）。

もし二一世紀の人間が自由について語るとすれば、たいていの者は一六世紀の人間とは異なったものを考えるだろうし、それはまたおそらくマルティン・ルターが自由という言葉のもとで理解していたものとも異なっているだろう。人間は正直に言って、自分に好ましいことをしたりしなかったりすることができるために、自由でありたいと願っている。自由な決定を下すこと、自由に生きること、どこにでも出かけられること、また自分が考えていることを自由に発言できることを願っている。ドイツを二分していた壁が崩れた後の、一九八九年に新たに獲得された自由というものも、多くの者はそのような意味で理解している。私たちがいろいろな点で不自由である他者に寄り添い、不自由な他者のために全力を尽くし、不自由な他者に奉仕することができるようにするもの。そのようなものとして自由を理解するということは、とてつもなくむずかしいことではあるが、ひょっとしてずっと重要なことであるのかもしれない。またルターが立てた恵み深い神を問う問いは同時代の多くの人々の心に響くものだったが、今日ではもはや切実なものではなくなっている。とはいえ、宗教改革は世界史的な意義を持っていたのであり、今も持っている。それは教会や神学の領域を越えて広がっている。私たちの現代の社会構造や国家形態は言語や教育システム、法律用語に見られるように、根底においてその影響を受けている。

ここに提供されるドイツ福音主義教会基調文書は、二〇一七年の宗教改革記念祭をきっかけとして二〇一四年に第一版が出版され、今ここに日本語版が出版される運びとなった。そこでは改めて自由の概念が定義され、新しい意味で満たされている。一方で、宗教改革的な神学のもたらしたいくつかの洞察と、宗教改革の有名な「のみ（Soli）」、すなわちキリストのみ、恵みのみ、御言葉のみ、聖書のみ、信仰のみという定式が取り上げられている。他方ではまた、二一世紀の人間を動かしている問いが取り上げられている。その問いにキリスト教は、そして信仰と聖書は、どのような答えを与えることができるのだろう。またそうする場合に、どこに教会と社会に対する挑戦があるのだろうか。

本書がルター的な義認論を基にした宗教改革の歴史的土台とその恒久的な意義を問い、それ故、宗教改革の中核的関心事とその洞察を問うているとしても、その場合にも常にエキュメニカル（教会一致運動的）な合意を顧みつつ行っている。それは、『義認の教理に関する共同宣言』（ルーテル／ローマ・カトリック共同委員会訳、教文館、二〇〇四年）と題して一九九九年にルーテル教会世界連盟とローマ・カトリック教会の代表者たちによって署名された共通認識である。一方で教派的な分裂を克服しエキュメニカルに考えること、他方で諸宗教の対話を遂行し、推進することは、私たちの時代の偉大な教会への挑戦である。こうして教会と社会において、世界中至るところ、地球規模においてと同様、まったく具体的な現場において、他者に寄り添い、他者のために身をなげうち、他者に仕えることを可能にする何かとして、自由という概念を新たに解釈するために、宗教改革の思想を有効に用いることができる。

宗教改革記念の出来事が私たちを受け入れてくれているこの国においても考慮され、祝われるということは、ドイツ語プロテスタント教会（東京十字架教会 Kreuzkirche Tokyo）の牧師をしている私にとって、格別の喜びである。日本の社会では今日までプロテスタントのキリスト者は少数派である。プロテスタントの伝道活動はいわゆる第二の日本の開国、明治維新の時代、一八五〇年頃に始まった。最初の宣教師たちはアメリカとヨーロッパ（特にスイス）から渡来した。彼らは外国から移り住んだ学者、経営者、商人たちのために教会を創立した（私たちの教会も一八八五年にそのようにして成立した）。しかし彼らはまた日本人にもキリスト教信仰に親しんでもらおうと願った。教会と並んで教育や社会奉仕の施設が設立され、建設された。それは部分的には今日もなお存在している。一方ではドイツ福音主義教会とスイス教会連盟との、また他方では日本基督教団との間の教会の協力関係に基づいて、二〇一五年四月にここ東京で「ドイツ－スイス－日本の教会協議会（Kirchenkonsultation）」が開かれた。ドイツ福音主義教会、ドイツ社会奉仕団、スイス教会連盟から派遣されたさまざまな作業部会のメンバーが、日本の教会の代表者たちと会合した。とりわけ「宗教改革記念祭と社会奉仕」というテーマが重要なものとなった。礼拝、講演、諸教会訪問により、またさまざまな企画、密度の濃い対話において協議会を通して明白になったことは、三か国（日本、ドイツ、スイス）とも、社会への教会的参与にとってと同様、また社会奉仕の行動にとっても、宗教改革の神学的洞察が今日に至るまでもなお非常に現実的な力を持っているということであった。この点についてマルゴット・ケースマン［元ドイツ福音主義教会総会議長］はこう語った。「福音主義的信仰は自らを自分の内にとどめておくことはできず、今も世界中で働いている」と。

今日日本では、さまざまなプロテスタント的特徴をもった教会が約七千ある。こうした諸教会にとって宗教改革の思想は一つの役割を果たすだろう。たとえば、イエス・キリストについての福音と、「キリスト者の自由」についての宗教改革的使信は、どのようにして今日、説得力ある仕方で、人々を福音に招き入れる力をもって、説教されかつ生きられうるものなのかと問うこともその一つである。

日本語で刊行されるこのドイツ福音主義教会基調文書『義認と自由――宗教改革五〇〇年　二〇一七』がそのために霊的洞察を与える貢献をしてくれるようにと願っている。

二〇一七年一月　東京

ドイツ福音主義教会常任常議員ヨハネス・ゴールドシュタイン氏からの委託を受け

東京十字架教会女性教職

ガブリエレ・ツィーム＝ディードリッヒ

第一版序文

一〇月三一日という宗教改革の日は歴史上の象徴的な日付である。この日付は、マルティン・ルターが一五一七年に九十五箇条の提題を掲げたことを私たちに思い起こさせる。しかし二〇一七年のこの日に宗教改革五〇〇年を祝う場合にも、私たちはこの日の日付にとどまらず、さまざまな神学的および地域的な特徴をもった宗教改革がどれほど多様で広がりを持つものであったかを知っている。

宗教改革はヨーロッパ全体の、そしてその影響を顧みれば、一つの世界史的な出来事である。二〇一七年にこの記念祭がドイツの全プロテスタント教会によって共同で準備されることになるが、このような全プロテスタント教会による祝いは初めてのことである。この共同の祝いを可能にしたのは「ルター派と改革派との間で締結された」ロイエンベルク一致協約である。これは一九七三年にプロテスタント内部の教会分裂を克服しようとしたものだが、その際にもさまざまな宗教改革的信条の諸伝統に敬意が払われている。

この基調文書『義認と自由――宗教改革五〇〇年　二〇一七』はプロテスタント教会内の相互理解の果実であり、その相互理解を深めるためにさらに引き続いて貢献しようとしている。この文書は宗教改革時代の本質的な神学的洞察を今日的なコンテキストにおいて解明するものである。

宗教改革者たちにとって、元来「教皇制の枷《かせ》」からの解放が第一の目的ではなかったし、まして彼らは西洋キリスト教の分裂を推し進めたわけでもない。以前から他の多くの人々によって改革が求められていたのであるが、宗教改革者たちは教会全体をあらゆる面で徹底的に改革しようとしたのである。五〇〇年後といえども、この関心事を見過ごしにすることはできない。したがってこの日にただ、失われていたかつての一致を偲んで記念会を挙行するだけでは間違ったことになるだろう。私たちは宗教改革のもたらした信仰的な賜物を喜びつつ、エキュメニカルな（教会一致を目指す）広がりにおいてこの祝祭を祝うことを願っている。

宗教改革は世界史的な意義を持つ出来事として、単に教会と神学だけでなく、個人生活ならびに公共的な生活全体を変革し、現在に至るまで影響を及ぼし続けている。ほんのいくつか例を挙げれば、宗教改革は教育の向上を促し、宗教の自由や良心の自由を謳った近代憲法の形成に貢献し、教会と国家の関係を変え、近代的な自由の概念と近代民主主義理解の成立に参与してきた。

宗教改革はどんな世代にとっても、未来に向かって学び続ける歴史としてたえず形成されるべき課題である。今日社会が根底から変動するような時代には、宗教改革的な義認論と自由の経験の持つ意義は重要である。エキュメニカルな挑戦、ますます進行する脱キリスト教化、多元主義的な社会の地平というコンテキストの中で、私たちは伝統を意識しつつ、この義認と自由という両方の意義を想起する。宗教改革のさまざまな出来事とそこで得られた認識を、祝祭を祝うことの中で現在化し確認しながら物語りたいと願っている。その際、自分たちの歴史の影の部分がうやむやにされないようにすべきである〔訳注1〕。

基調文書の草案を名誉教授クリストフ・マルクシースの指導のもとで書き直した委員会には、その確信に満ち霊的洞察に溢れた仕事ぶりに対して、心から謝意を表したい。『義認と自由』という表題をつけたのは、本書が、神学的に関心のある人や教会役員、神学者たちだけでなく、宗教改革記念祭二〇一七の意味を問う、より広い一般の方々にも向けられているからである。

ドイツ福音主義教会常議員会は、ドイツはもとより世界中の世界教会運動においても本書が熱心に読まれ、反響が起こされることを願っている。この基調文書によって、宗教改革記念祭二〇一七を共に形作り、教派や諸教会の境界線を越えて、人々の心を動かして一つに結び合わせるような祝祭を祝うための、さまざまな刺激が呼び起こされることを期待している。

ハノーバー　二〇一四年五月

ドイツ福音主義教会常議員会議長
ニコラウス・シュナイダー

第四版序文

ドイツ福音主義教会の基調文書『義認と自由』は驚くほど広範な反響に出合った。多くの賛成意見もあったが、もちろん批判もあった。こうしてもう一度神学議論が脚光を浴びることになった。しかも宗教改革記念祭に先立つこの時期に、まさに宗教改革的な神学の中心テーマについて意見が交わされることになったわけである。その際、プロテスタントの自己理解を強調して表現することになるとしても、決して他との教派的な違いを際立たせることが目的なのではない。自分の立場しか考えないプロテスタントのキリスト者がいるとすれば、そうした者たちに対して記念祭に先立つこの時期においてこそ、一つの祝典を祝う理由が誰にでもよく理解できるように説明されるべきである。この祝典にはすべての人々が招かれている。

本書『義認と自由』は、これまで積み重ねてきたエキュメニカルな対話に関して、ただそれを要約して示すにとどまり、個々の対話記録を詳述することまではしていない。そのため――この間に加えられた議論を取り入れる場合でも――二〇一三年に出版された一致に関するルーテル＝ローマ・カトリック委員会の記録文書『争いから交わりへ』（ルーテル／ローマ・カトリック共同委員会訳、教文館、二〇一五年）を明確に念頭に置くことが重要である。その中に対話記録が詳しく書かれているからである。この記録文書は宗教改革の中核にある関心事を、エキュメニカルな対話という背景において解釈している。この文書と本書とに共通なことは、両者とも一九九九年にルーテル教会世界連盟とローマ・カトリック教会の代表者たちによって署名された『義認の教理に関する共同宣言』〔五頁参照〕を前提にしているということである。当時すでに義認論の理解において基本的な共通理解が公式化されており、これまで存在してきた違いはもはや教会を分裂させるような性格を持っていないことがしっかり確認されたのである。

宗教改革的神学の中核にある関心事を叙述するにあたり、本書『義認と自由』は伝統を意識してまず義認論から始め、一九世紀に由来する四つの soli〔ラテン語 solus「〜のみ」の複数形〕を配した構成、すなわち「キリストのみ」、「恵みからのみ」、「聖書に基づいてのみ」、「信仰によってのみ」というスローガンを用いている。そしてこれら四つの排他的小辞にさらに五つ目の言い回しを加え、拡大している。この五つ目の「御言葉においてのみ」は、口で語られる聖書の言葉に現前している神の赦しと恵みの言葉とを指し示している。ここには一九三四年のバルメン神学宣言と第二ヴァティカン公会議の諸見解が活かされている。

それによってまた以下のことが明らかになる。すなわち、宗教改革的な神学の根本的な関心事を記述し、その恒久的な神学的意義を考察する際に、非常に喜ばしいエキュメニカルな一致があるということである。「〜のみ」という定式は、今日そのもともとの神学論争的な性格を失い、むしろ神の言葉を宣べ伝えるためにキリスト教会に委ねられた共通の責任を浮き彫りにしている。一部に見られる『義認と自由』に対する批判はこの事情を見過ごしにしている。しかしそのことは逆に、エキュメニカルな相互交流を目指しての対話の重要性が今後それだけ一層浮き彫りにされる可能性を示している。

もちろん依然として残っている違いには言及せざるをえない。それらはしかし、主にある兄弟姉妹のエキュメニカルな交わりにとって妨げの理由になることは許されないし、そうなるべきではない。この理由から私は、宗教改革当初の論争の興奮が次第に静まっていったことを喜ばしく思う。議論はあくまで出発点であり、二〇一七年をエキュメニカルな交わりにおいて文字通り大いなるキリストの祭典として祝うために、ここでの議論は、それぞれが相互に徹底して耳を傾け合うための励ましであるかもしれない。本書『義認と自由』はそのような共同の祝祭を求めてやまない次第である。

ハノーバー　二〇一五年一月

ドイツ福音主義教会常議員会議長
州教会監督　ハインリッヒ・ベッドフォード・シュトローム

目次

第二章　宗教改革的神学の核心　60

装丁　桂川　潤

義認と自由——宗教改革五〇〇年　二〇一七

第一章　初めに　宗教改革、当時と今

宗教改革から五〇〇年。一五一七年一〇月三一日というこの日付を覚えて祝い記念することには多くの正当な理由がある。というのは、宗教改革は「世界史的な意義を持つ出来事」[1]だからである。それは広範囲の文化的、社会的、政治的な影響を伴っていた。その影響は中央ドイツやスイスという出来事の発端となった地域のみならず、すぐさまこれらの地域を越え、さらにヨーロッパの国境をも越えて広がったのである。

宗教改革の中心に立っていたのは、神に対する人間の関係を問う問いだった。宗教改革は本質的に宗教的な出来事であった。宗教改革を担った人々は皆、神が自ら正しい信仰を呼び起こし、そのようにして神に対する人間の関係を刷新してくださるであろうと期待していたからである。「リフォーメイション」という概念を神から期待される刷新に結びつけるにとどまらず、この期待と結びついてではあるが、さらに教会と神学における「全般的な」改革に結びつける動きがあまねく広がったのは、もう少し後になってからのことである。

一六世紀のこの特別な改革を、一八世紀以来、ほかの諸改革とは区別して一般に「宗教改革」と呼ぶようになっている。宗教改革は中世末期に起こった一連の改革運動に属している。それは、中世神学の決まり切った対立項（たとえば聖職者と平信徒の両極性）を解消し、別の対立項（たとえば福音と律法の弁証法）を先鋭化する。その限りにおいて宗教改革は、古典的なプロテスタント教会が解釈するような意味で、何世紀も続いた「暗い中世」の後に福音の真理が突然現れたものと理解するのは適切ではないし、伝統的なローマ・カトリック教会の対抗的な立場が解釈するような意味で、中世の種々の改革的努力の頂点にすぎないと理解することもまた適切ではない。

ハインリッヒ・ブリンガー、ジャン・カルヴァン、マルティン・ルター、フィリップ・メランヒトン、あるいはウルリッヒ・ツヴィングリといった宗教改革者たち、また何人かの女性たち、たとえばカタリーナ・ツェル〔訳注2〕あるいはアルグラ・フォン・グルムバッハ〔訳注3〕などが手紙や説教、パンフレットの中で取り上げた問いは、まさに当時の人々を直接突き動かしている問題を扱うものだった。特に神と自分との関係は、果たして神が本来人間に求めておられるものに合致しているだろうかという問いは、宗教改革前夜のキリスト教の歩み全体を貫くものだった。この問いは中世末期に、今日まで深い印象をとどめている制度上の、そしてまた建築上の表現形態を取るに至った。つまり、都市にも村落にも各地に教会が建てられ、人々は規則的に煉獄にいる死者たちのために代願の祈りを捧げることを義務と感じ、大学の神学は隆盛期を迎えたのである。

そこで今度は、この二一世紀初頭の宗教改革記念祭に際し、どこまで宗教改革の宗教的な洞察が今日の人間の問いに対する答えを表現しているかどうかが明らかにされなければならない。今日の人間の問いの大半は、もはや神に対する個人的な関係についての問いではない。以下の本文では、神と人間との関係についての宗教改革的命題が現代を意識しつつ解釈されることになるだろう。それに加えて特にヨーロッパ的自由の歴史に対する宗教改革の貢献がテーマとして取り上げられる。そこでは「自由」の宗教改革的概念と現代の自由の経験との違いも論じられることになるだろう。

宗教改革者たちの神学的発言の中心にあるのは以下の教えである。すなわち、神と人間との和解された関係は神の側から起こされるものであり、自分の気持ちの持ち様や、そのほかの文化的、政治的、宗教的な努力の結果ではないということである。宗教改革者たちがこのいわゆる義認論を新たに考案したのではない。多くの点で彼らは中世神学に対して、すべての教会に共通するキリスト教の起源にまで遡り、それを新たに表現し、違う仕方で先鋭化したのである。今日「宗教改革」と呼ばれる運動に属していた人々は、イエス・キリストについての福音を新しく表現し直そうとした。福音は人間を「慰め、自由にする」（ディートリッヒ・ボンヘッファー）ものであり、マルティン・ルターがよく強調したように、とうに過ぎ去った昔の単なる「おとぎ話」にとどまるものではない。それと同じように福音を再び表現するようになる場合にだけ、私たちは宗教改革を正しく想起していることになる。もし義認論ということで、ただ古い概念との現実離れした言葉遊びが問題になっているわけではないとすれば、現代の個人的ならびに社会的な解放の経験は、直接義認と結びつくものであり続けるに違いない。

当時宗教改革に賛同した者たちは、私たち現代の人間が持っている、あるいは暗黙のうちに抱え込んでいる哲学的、神学的な前提とは異なる前提のもとで議論していた。彼らが生きていたのは今とは異なる社会であり、異なる教会的、政治的な条件のもとであった。福音の真理と彼らの歴史的な証言との間のこの「醜く開いた溝」（レッシング）を私たちは簡単に飛び越えることはできない。だからと言って、「確かに宗教改革的な義認論はその時代には重要な福音の明確化ではあったにしても、現代人はもはや当時のように『恵みの神』について問うことはないので、今日の人間に語るものは何もない」というように、必ずしも判断しなければならないわけではない。義認論は本書の中で依然としてプロテスタント的神学と敬虔の中心として展開されるべきである。そうすれば、今日の人間の問いに対する答えとしても必ずや役に立つはずである。

一六世紀に教会と神学を一新し、その後続いて社会・文化・政治をも新たに形成して「宗教改革」と呼ばれるようになった一連の神学的洞察が、なぜよりにもよって二〇一七年一〇月三一日に（そしてまさにこの日付を目指して準備された「ルター一〇か年計画（Lutherdekade）」と一緒に）祝われるのだろう。実はこの日付は後になって次第に記念日へと発展したものである。マルティン・ルターが一五一七年万聖節［一一月一日諸聖人の日］の前後に、贖宥［免罪＝諸聖人の功徳により赦罪が信徒に与えられること］についての九十五箇条の提題を公にしたとき、教会のサクラメント執行（より詳しく言えば、告解のサクラメントの付帯条項）に関するこの注釈が、いったいどれほどの神学・教会・社会の根本的変革を結果として招くようになるか、当時はルター自身にも皆目見当が付かなかった。力のみなぎった一人の男が祝日前の夕べ、それ故一五一七年一〇月三一日に、決然たる面持ちで重いハンマーの一撃をもって教会の扉に提題の紙を釘付けしたという、人々の記憶に焼き付いた古典的な姿は、確かに歴史的事実には符合しないだろう。それにもかかわらずこの日は、ドイツ諸州における宗教改革運動の幕開けを告げる日付として一般に認められている。確実なことは、ルターがこの前後の日に彼の書いた提題をその地方所轄の司教に送ったということである。推測するところ、彼が同じようにその提題の紙をその日に、町の方角を向いているヴィッテンベルク城教会の扉である大学の学事掲示板に貼ったか、あるいは貼らせたという記憶も当たっているだろう。しかしより重要なことは、ルターがこの提題によって自分がカトリックの革新派であることを表明したことであり、ただ自分の教会の実践を公の場で批判したということである。多くの点でルターはまだ当時の多数派の神学と敬虔を共有していた。たとえば聖人がその敬虔な生涯の功績をもって他の人間たちに功徳を施すなどもその一つである。

一五二〇年一二月一〇日、破門を宣告して威嚇する教皇の勅書をヴィッテンベルクのエルスター門〔訳注4〕の前で焼き払ったという、大変過激で、今日の私たちには実に両義的な［権威ある勅書に権威がないことを示すという］象徴行為によって、初めて当時の多数派教会とルターによって代表される宗教改革運動との間の裂け目が露わになった。よく知られた一五二一年ヴォルムス国会にルターが姿を見せ、皇帝と帝国の前で当時の慣習にことごとく反対する意見を述べる機会が与えられ、自説の撤回を拒んだことは、この亀裂を広く世間に知らしめることになった。ルターをはじめほかの神学者たちがこの頃前後して、中世末期すでに表明されていた彼らの時代のサクラメント執行の慣習（贖宥制度と一種陪餐、すなわち信徒はパンのみで杯に与れないこと）に対する批判を、当時のサクラメント神学に対する根本的な批判へと深め、教皇は反キリストだとする批判へと先鋭化させたことで、すぐにこの溝はもはや埋めようのないものになった。

確かにマルティン・ルターは、歴史的にも中心的な先導者の一人だったので、すぐさまこの運動の象徴的な人物になったが、ヴィッテンベルクの城教会の扉に提題を打ち付けるという姿が文化的な記念的出来事として記憶に残るイメージになったのは、ようやく一六一七年の一〇〇年記念祭をもってなのである。この一〇〇年記念祭は神聖ローマ帝国全土のプロテスタント教会によって（ちなみにルター派の領域だけでなく、改革派の領域でも）盛大に祝われた。一八一七年と一九一七年の記念祭は、ルターを少なくともドイツでの国民的ヒーローの座につかせた。この一九世紀初頭の祭典にはナポレオンを打ち倒した時代的性格が影響し、それから一〇〇年後、二〇世紀初頭の祭典には第一次世界大戦の経緯が反映している。当時語られ祝われた言葉の数々は、今日では聞くに堪えない恥ずかしいものである。とはいえ宗教改革記念祭の歴史を、元来混じりけがなく純粋だった理念がはなはだしく堕落してゆく過程として叙述することもできない。一六世紀には険しい対決をもって衝突し合っていた宗教改革の二大潮流［ルター派と改革派］が、一八一七年の記念祭をもって再び和議を結び、たとえばプロイセンのように合同教会のさまざまな形態を取るに至ったのである。

今日的な射程を持つ宗教改革的な神学というものがもしあるとすれば、それは現代の問題状況への答えとして改めて描き出されねばならないものである。改めて描き直さなければならないという理由からして明らかなことは、どんな宗教改革の思想もすでに時代に制約されたものであるということである。とはいえ、中部ドイツの小さな町で一人の神学教授マルティン・ルターによって神学的な命題集が公にされたということの行為に、五〇〇年にもなるという今もなお注目するということは、依然として事柄に即しているのである。なぜなら、二〇一七年一〇月三一日ということで重要なことは、それが、中世的世界を根底から変えた一つの広範な運動と近代初頭の一大変革を指し示す象徴的な日付に関わっているからである。提題の掲示は、私たちが今なおそれについて論争しているまさに近代という時代の幕開けを告げるものであった。たとえ二一世紀にマルティン・ルターが「ドイツのヒーロー」として祝われないにしても、多くの偉大な歴史的人物がそうであったように間違いなく彼も、一方では反論を呼び起こすと共に、他方では粘り強く大胆に確信をもって私たちを真の自己へと導く、力に満ちた象徴的人物なのである。

ルターがどれほどすぐれた言語力と、同時に繊細な感情をもって聖書テキストを翻訳し、手紙の中では牧会者として実に細やかにふるまい、説教において福音の喜ばしい使信を飾り気のない、しかも琴線に触れる言葉で言い表すことができたかということ、こうした点は今も依然として注目に値する特質である。もちろん宗教改革者として立っているのは彼だけではない。本書の裏表紙の絵にも描かれているように、ルターは良き交わりの中にいる。フィリップ・メランヒトン（一四九七―一五六〇年）は教育制度の発展にとって、単にドイツの領域にとどまらない決定的な意義を持っている。ウルリッヒ・ツヴィングリ（一四八四―一五三一年）はチューリッヒの市民生活において宗教改革と自由との結びつきを実現した。ジャン・カルヴァン（一五〇九―一五六四年）はフランスや他のヨーロッパの諸伝統を一つに束ねたことにより、宗教改革の国際性を基礎づけた。この運動の内面的でしかも神学的な統一を目指す意識は、早くから認められるものであった。たとえば、一五二一年のチューリッヒのパンフレットにそれが窺える。その作成にはツヴィングリが関わっていた。

宗教改革運動はしかし、もしフリードリッヒ賢帝候やヘッセン方伯フィリップのような帝国内の領邦君主たちや、またチューリッヒ、ハンブルグ、ジュネーヴなどの諸都市がそれを後押ししなければ、これほど急速には発展しなかっただろう。それだけではない。宗教改革という時代を可能にし特徴づけたのは、単にこれらの領主たちや神学者たちだけではなく、網状組織《ネットワーク》で結ばれたすべての人々だったことを記憶にとどめるべきである。一九世紀は宗教改革を記念するさまざまな建造物によってこの洞察を形に表している。例として挙げれば、世界一大きな宗教改革記念碑がヴォルムスにある。そこには代表的な宗教改革者たちや今述べた領主たちと並んで、ヤン・フス（一三六九頃―一四一五年）のようないわゆる前宗教改革者たちも刻まれている。

一六世紀には一つの西洋の教会からさまざまな教派が生起した。それらのうち、宗教改革運動と無関係なままでいられる教派は一つもなかった。いわゆる信仰の年長者であるローマ・カトリックという教派でさえそうであった。一九八六年に、当時まだ枢機卿でやがて教皇ベネディクト一六世となって後に引退したヨゼフ・ラッツィンガーは、一通の手紙をしたためた。「自由さと敬虔さ、分かれて存在する緊張感、非常に霊的な渇望をそなえたプロテスタント教会がカトリック教会と並んで存在したということは、ドイツの、いやドイツを越えた全カトリック教会にとって、多くの点でよいことではなかっただろうか。確かに信仰で争い合う時代には、分裂はほとんど対決的なものだった。しかし今では両方の側で信仰にとって積極的なものもまた次第に増大してきている。それは、聖パウロの謎に満ちた『ねばならない』についていくらか理解させてくれるものである(2)」。ルターが期待しローマ教会が宣言していた普遍的教会という理念が、簡単に実現できるものではなかったことは歴史上明らかである。私たちの時代の教派的多様性は宗教改革時代の帰結である。とはいえこの二一世紀に、宗教改革の運動とさまざまな出来事を、ただプロテスタント教会あるいはドイツ語圏の内部だけで記念することは、もはや不可能である。宗教改革記念祭二〇一七は、宗教改革が西洋キリスト教の多様化をもたらしたという視点を背景にして祝われねばならない。この記念祭を一面的に「教会分裂」としてまったく悲観主義的に考察するために利用することはできないが、また排他的に自分の立場だけを好ましいとするような各教派主義も同じように一面的で許されない。それ故、この記念祭はローマ・カトリックのキリスト者たちと共同で、しかも宗教改革の世界的な拡がりを念頭に置きながら祝われねばならない（3）。

さらに加えて、ヨーロッパ的な自由の歴史にとって宗教改革の持つ意義を考えると、この宗教改革記念祭をただドイツ連邦共和国という社会に属する、自分たちはキリスト者であると見なしている一部の人たちとだけで祝うことのないように促される。宗教改革の中心となったこの国でユダヤ教が徹底して根絶され、キリスト教的動機からそれに反対して果敢に抵抗したのはごくわずかなキリスト者たちだけだったということを想い起こすことは、同じように重要なことである。そのことはこの宗教改革記念祭二〇一七に際して、特にユダヤ教に関する一六世紀の見解を批判的に検討し、現在知りうることに基づいて二つの姉妹宗教の関係を更新するため、それを自己批判的に訂正することへと導く。同様に、とりわけ西洋キリスト教の存立をめぐる不安から神聖ローマ帝国の国境に出現した「トルコ人の危険」との関連で論じられたイスラム教についての近代初頭の見解も、批判的に考察されねばならない。もちろんそれによってユダヤ教とキリスト教との特別な姉妹関係が損なわれることがあってはならない。宗教改革的な見方の二つの批判的吟味は、ヨーロッパ的な自由の歴史の中心的な前提を想起させるこの記念祭を、教会の領域を越えて祝うための不可欠の前提である。

宗教改革記念祭二〇一七にはこのような歴史的脈絡化が必要である。とはいえ宗教改革は、自らをたえず神の宗教改革に開かれたものと見なす教会（タエズ改革サレルベキ教会[ecclesia semper reformanda]）の意味で祝われる場合にだけ、正しく記念される。そのことを念頭に置かなければならない。そのことはすなわち、ドイツ福音主義教会（ＥＫＤ）の組織形態を改革しようとする現在の努力は、理想として一六世紀の宗教改革を想起することによって神学的な深みを獲得し、さらにまた制度上の堅固さも強化されるということになる。福音主義教会は現在の改革プロセスにあって、教会が「近代の企てる約束」としての「自由」を、この概念の聖書的な根拠から把握して、宗教改革を神から贈られた自由として解釈する場合にだけ、教会は「二一世紀における自由の教会」になることができる。そのような自由の教会は私たちを、いつも自分にだけ関心を持つあり方から自由にし、隣人のために参与することへと向かわせ、共に生きるあり方へと解放するのである（ヴォルフガング・フーバー）。

第一節　宗教改革、当時と今。その中心テーマとしての義認

私たちは宗教改革の中心テーマである義認論を、どのようにしたら今日でも分かりやすく表現できるだろうか。ルター自身は彼の神学的な洞察を、しばしば引用される後の自己証言の中で、実存的な問いに対する答え、すなわちよく知られた「恵み深い神」(4)への問いに対する答えとして表現した。そのように見ることで私たちは、中世後期から近世初頭への転換期における生の現実のただ中に身を置くことになる。この問いは、宗教改革以前の教会の制度・神学・敬虔を全面的に特徴づけている世界の文脈に属している。そこでは神は裁判官として人間の生活に判決を下し、罪と咎を罰する。この問いはこうなる。人間はどのような喜捨をもって神に対する負債を支払うことができるだろうか。どうしたら、決して支払えない罪と負債に対する罰を免れるように生きることができるだろうか。説教の中で語られる中世の具象的な言葉は、地獄や煉獄を時間的に確定できる刑罰の執行場所にした。それだけでなく、教会の美術的な装飾においては、地獄や煉獄がまるで目に見えるかのように現在化された。もちろん中世のキリスト者はみんながみんな日々地獄の不安に

おののいていたとまで言うことはできないだろう。しかし、神があらゆる人間に申し開きをさせるという考えは、たとえば寄付のために一本のろうそくを買って教会の中に置き、それでようやく晴れ晴れとしてキリスト者としての生活を送る人々の心を規定していたのである。

マルティン・ルターは、ずっと後になって書いた回顧録から分かるように、当時彼の生活を宗教的な功績社会の一部と理解していた。そこでは宗教的な功績を積むことに特別熱心になることで、最後の審判の際に神の恵み深い判決を要求する権利がより確かなものになるはずであった。私たちは彼の聴罪師ヨハン・フォン・シュタウピッツ（一四六五—一五二四年）との手紙のやり取りから知ることになるのだが、ルターはエアフルトの修道僧だった頃、この聴罪師シュタウピッツが重荷に感じ、いったい本当に罪が問題となっているのか疑うほどに、自分の中に多くの罪を見つけ出そうとし、懺悔していたのである。そのような経験をするのは、今日ではある特定の宗教的環境にいるわずかな人たちだけで、現代の大多数の人々の敬虔を特徴づける振る舞いではない。それにまた中世の、さらには宗教改革運動にも大方引き継がれた、神についての度の過ぎたイメージ、すなわち絶対君主のように思いのままに支配する裁判領主という神のイメージも、今日の私たちには非常に問題の多いものになっている。それはあまりに一面的で、ナザレのイエスが彼の父について教えているものにも合わないし、旧約聖書の多くの章句がイスラエルの神について伝えているものにも合致しない。

しかし、今日でもなお意義深いことは、マルティン・ルターが自分の人生の歩みを振り返って、非常に自己批判的に表現した次の認識である。すなわち、救いを求める彼の苦闘が最後の一点までまったくエゴイズムそのものに刻印されているということである。つまり彼は、よりにもよって告解（罪の懺悔）の場で重要な関心事になっているのが神ではなく、むしろ彼自身であり、彼の個人的な救いであることを認識したのである。そして彼は、受け容《い》れてもらうのが当然の宗教的功績を、神の裁きの座に持ち出すことが自分にはできると考えることで、自分を神と同等のものとして対向させていることに気づいた。それではまるで同等のレベルにある二人の当事者がそれぞれの要求をめぐって、仮想上の第三者の前で談判しているかのようになってしまう。古代末期の教父アウグスティヌスの伝統の中にいた修道僧としてルターが知ったことは、人間は、人生に躓くほど自分がどんなに不完全な存在であるかを認識するよりも、むしろ好んで自ら神になろうとするものだということである。そこからすぐに明らかになったことは、思いと言葉、あるいは業において神の律法に一つも違反することなく完全な生活を送ることなど、人間には決してできないということである。ルターは彼の思想の発展について、一五四五年に諸文書をまとめたラテン語版全集序文の中に――必ずしも詳細な自伝的報告を書いているわけではないが――この時点で彼を神学的に突き動かしていたものが何であったかについて、印象深い神学的解釈を書き残している。それによると、救われるにふさわしい宗教的功績への求めを自覚したとたん、彼は実存的な懐疑に陥ってしまった。しかし聖書、特に使徒パウロの手紙を読んだことがこの袋小路からの出口を切り開いてくれた。彼にとってローマの信徒へと宛てた使徒パウロの手紙の中のある一節が中心に躍り出た。「神の義は福音の中に啓示される」（ローマ一・一七）。ルターはラテン語版全集序文に、神の前で救われる資格を得るのは人間の功績ではないことを彼がどのように発見したかを書き記している。神が人間に身を向けてくださるのは恵みからである。「なぜなら、わたしたちは、人が義とされるのは律法の行いによるのではなく、信仰によると考えるからです」（ローマ三・二八）。

「寛大な処置（＝法より慈悲）」という言い方を手がかりにすれば、私たちは今日でもそれが意味していることを多少は理解できる。正義と法に従って判決を受けるべき人間でも慈悲［情状酌量］を期待することができるし、場合によってはさらに恩赦をも期待できる。

たとえば、大統領や各州の裁判権を持つ者が恩赦の法律を行使したり、刑罰を前もって免除する場合などである。私たちの法律体系では時代錯誤的にしか行われていないように見えるにしても、「律法の行いなしに、ただ恵みにより」というような赦しの形態について、今日の私たちでも確かに知っているのである。マルティン・ルターにとって決定的な認識は、イエス・キリストによってこの恵みが、彼を信じる者すべてに与えられるということだった。もし人間が、神の律法に従って完全な生活を送ることは自分には無理だと分かれば、まさにその時こそ人間は完全にイエス・キリストを信頼することができる。この経験をルターは「信仰のみによる義認」と呼んでいるのである。福音の本質は、イエス・キリストへの信頼に生きる人間はすでに義とされているという点にある。ルターはこの事情を、煉獄の炎と地獄に対する恐れから解き放たれる経験、慰めに満ちた、心の底から喜びの湧き起こる解放の経験として、くり返し書き記している。そしてこの自由に基づくならば、人間は今やなしうることを行う自由を得て、神の律法があらかじめ指示している通りに生きるようになる。とはいえその場合にも人間は、何度も失敗してしまうことを十分わきまえているのである。

自分を「宗教改革者」にしたものとしてルターが書き記している神学的洞察は、これが唯一のものではない。けれども、こうした自己証言すべてに共通していることがある。それは、ルターの属していた修道会の聖人アウグスティヌスがそうだったように、深い実存的な懐疑から彼を救い出し、「心的態度全体を変える」神的な恵みの贈り物についての確信を彼に与えたものは、聖書テキストだったという点である。

以上のことは二一世紀の人間にとって、まだ何かを意味することがありうるだろうか。二一世紀の人間を特徴づけているのは死後の地獄に対する恐れではない。むしろ人間がお互いにとってあまりにもしばしばそうであるような地上の地獄（ジャン・ポール・サルトル）を恐れている。教会の中で通用する義認の経験を新たに説得力あるものにするために、私たちは現在頻繁に用いられている四つの概念をもって、ルターの義認論に接近することも可能である。それは「愛」、「承認と評価」、「赦し」、そして「自由」という概念である。

第一の概念は愛である。愛されるということはすばらしい経験である。事がうまく進めば、私たちは自分の弱点にもかかわらず、たとえ過ちを犯しても、他者から愛される。この愛の発する光線には理由などないように見えるが、愛が確かで信頼に満ちたものだと分かれば、その光を見る者の顔に微笑みをもたらす。頭では理解しなくても、それは私たちを支え、幸福にする。子供でもまったく同じようにそれを経験する。作家のトーマス・ブルシッヒ〔訳注5〕はかつて自分の小さな息子への愛情を実感し、その経験に圧倒されてこう言った。「僕は息子を愛している。たとえ彼が将来凶悪犯になったとしても、愛していると言えるほどだ」と。キリスト者がしばしば「神の子供たち」と呼ばれるのは、まさにこのような意味においてなのである。母親や父親の愛でさえ、関係が悪化し、誤った行動を取った最悪の場合でも止むことはない。そうであれば、人間に対する神の愛はなお一層存続する。人間がこれほど多くの弱さを持ち、過ちを犯しているにもかかわらず、神が情熱をもって愛してくださっていることを思い浮かべるなら、それは一瞬の微笑みなどではすまないずっと大きなものを私たちのうちに呼び起こす。それは人生の喜び、幸せ、そして感謝を表す態度へと至る。私たちはそのことで神をほめ称え、神に感謝し、喜びをほかの人と分かち合うことができる。だからこそ私たちは、讃美と感謝を共同で神に捧げるために一緒に礼拝するのである。

　さらにルターの経験を言い換えることのできる第二の概念は、承認と評価である。他者からそのまま人間として承認され、評価されるということは、どんな人間にとっても生きる上で必要なことである。とはいえこの承認という人間相互間の経験は、めったに起こるものではない。仮に承認されるために特別なことを何もする必要はなく、功績などなくても承認されるという場合があるとしても、そんなことはめったになく、いやおそらく何もしないというまさにその理由から、承認はまれにしか起こらないのである。それにもかかわらず承認が起こるところでは、もう深い人格関係ができあがっている。だからもし人間が神による承認を経験し、この承認についての知らせがさらに告げられるなら、それはその人の存在を根底から揺り動かす認識になりうる。たとえそれには値しなくても、私は認められているのである。理由などない。それは贈り物なのだ！　神学的に言えば、それがすなわち、恵みによるということである。「神が君を見ておられる（ansehen）が故に、君は信望ある（angesehen）人間なのだ」。たまたまとも言えるこの掛け言葉は、義認の働きを現代風に言い換えている。この承認に対する人間の応答は、彼が神を信頼し、神を信じるということである。ルターの義認の経験を言い換えるこの第二の試みは、評価という概念を補助として用いても可能である。「評価」と「承認」という二つの概念は日常会話では好んで区別され、異なった文脈で使われることが多いが、実質的な内容は大方一致する。「私が成し遂げたのに、それを誰も評価してくれない！」。この言い回しは日常の経験を表している。しかし、多くの人間にとってその反対の経験もまた日常の一部である。「あなたの功績を称え、私たちはあなたに称号を授与します」と。評価を受けるとは、ほかの人たちからの尊敬が自分に与えられるのを体験できるということである。私たちの間では、確かに何らかの先行する業績がなければ評価されない。しかし神が前提条件も相応の価値もないまま人間を評価する場合、そこにはご自身の被造物に対する神の態度が示されている。このような神の評価という表現は、今日的に言い直せば人間の不可侵の尊厳のことである。世界観的には中立である国家においても、不可侵の尊厳は人間にとって基本的なものとしてドイツ基本法（憲法）第一条もしっかり保持しているものである。〔訳注6〕このことは、暴力、不当な扱い、幻滅、冷遇、あるいは不正によって尊厳がくり返し無視されるような経験に対してこそ、一貫して力を発揮するであろう。神の約束は取り消すことができない。

現在よく使われている概念から義認の古典的な概念にアプローチする第三の試みは、赦しという言葉を用いることで可能になる。二人の人間が互いに争っていたとしても、「もう水に流そう」という言い方で和解することがよくある。このように日常会話からも明らかになるように、二人のどちらかに責められるべき振る舞いがあっても、負い目を水に流し、とにかく分かれずにすむような場合はある。「赦し」の概念が日常会話で用いられる場合に明らかになることは、罪責を自覚する者でも、そのためにわざわざ「赦し」というような言葉を使わないということである。依然として多くの者が赦しへの実存的な渇望を感じてはいる。彼らがそれを言葉に表さない場合でも、多くの者は赦しを渇望しているのである。特に第二次世界大戦を経験した世代は、とりわけその苦悩に満ちた経験から、人間によってはほとんど、あるいはもはや決して赦されえない罪責が存在することを知っている。しかし、人間が赦すことができず、あるいは赦そうとしない罪責であっても、神は赦してくださる。その場合神は、あたかも何事も起こらなかったかのようにすべてを忘れ、日常茶飯事にすぎないものとして無視することで罪責を赦すのではない。神は、罪責を感じその思いを言葉に表す者を、たとえ罪に陥った人間であったとしてもなお愛し、御そば近くに置こうとすることによって赦すのである。赦しとは、人間どうしの間、また人間と神との間にある罪責が、言わば取り去られ、脇に除かれることであって、決して忘れてしまうということではない。罪責とはあくまで赦された罪責のことなのである。

義認の経験を現代に分かりやすく言い換える第四の試みは、すでに宗教改革時代の文書にまで遡るものである。すなわち義認は人間を自由にするが故に、私たちは義認を自由というキーワードで説明することができる。少なくともこの国では、政治的自由の経験はほとんど自明の所有物として受け止められているが、そのような時代にあってもなお多くの人が感じているのは、経済的、社会的な強制力からの自由を求める差し迫った願望である。

同時に世界のほかの地域では、なお基本的な政治的自由のために闘いが続けられている。この政治的自由は、ドイツでは一八四八年、一九一八年、一九四五年、そして一九八九年の諸革命と大変革により、大変な犠牲を払って獲得されたものである。誰でも皆自由でありたいと願っているが、多くの場合自由になる要求を掲げても失望し、辛い限界にぶつかってしまう。それだけに自由が与えられるという経験は一層貴重なものである。たとえば一人の寛大な人間が現れて、義務からの自由、罪責からの自由、あるいは自分の諸制約からの自由を与えてくれる場合、自由の経験は一層身にしみる。そのような自由が自分に与えられたら、事情によって人生はまったく違う可能性を持つだろう。義認は、一人の人間を自分自身への囚われから解き放つ包括的な自由の賜物を意味する。すなわち、私はもはや自分自身に囚われず、隣人や共同体の交わりに対して自由になる。私の「隣人」に対する自由というこの理解は、確かに自由をあらゆる束縛がなくなることだと見なす世間一般の誤解とは一致しがたい面を持つが、それでも近代の自由の理解からそれほど極端に異なっているわけでもない。ほかの三つの概念でもそうだったように、宗教改革的な義認論の諸相は、キリスト教とは距離を置く関係にある人にも分かるように言い直すことができるのである。

さらに言えば、ルターの義認論へのこの四つのアプローチすべてに共通していることが一つある。すなわち、人間というものは外見が表しているものや、その人となりがどうであるかによって査定されるのではなく、学歴や収入、社会的背景や名望にはまったく依存せず、神によって愛され、承認され、価値ある者とされることによって評価されるということである。この神による承認ないし評価が人間を真実に自由にする。罪責はもはや人を苦しめず、単に忘れ去られるのではなく、告白された罪責として赦され、それによって初めて克服される。そのような根本的な洞察はキリスト教的背景を持たない人間にも分かってもらえる可能性がある。なぜならこうした洞察は直接社会的、文化的、政治的な帰結を持っているからである。そもそも神の顧みは、人間が何をし何を考えるかには依らない。神の顧みがあるが故に、社会の中で人間は罪責と誠実に向き合うことができ、人間にふさわしい共同生活が可能になる。

第二節　宗教改革――未来へと開かれた学び続ける歴史

経済的合理性を特徴とする現代世界にあって、ルターの自由にされる経験は、私たちになじみの深い経済用語でも言い換えることができる。それは、まばらに散見される程度ではあるが、すでに中世後期の神学をも特徴づけるものだった。すなわち、人間は否応なく何度も赤字を出してしまうにもかかわらず、神は、人間が自力で決算を黒字にすることを要求されない。その理由は、人間が自分で行い、考え、意図することのうち、全人生の総決算を黒字にすることのできるものなど一つもないからである。というのは、最善のものでさえ、何よりもまず自分の役に立つという目的でまったく自己中心的になされるか、そう欲せられるからである。全人生の総決算がプラスに転じるのは、人間が洗礼を受けた神の子供として、神の祝福、すなわち救いをもたらす神の愛顧の中に自分を見出し、そこから「もはや堕ちることはありえない」（アウグスティヌス）という理由の故である。この負債から自由にされる経験に対する人間の応答が信仰である。しかしこの応答もまた聖霊の贈り物である。

宗教改革は決して完結した出来事ではなく、常に続けられる刷新のプロセスである。だからこそ、一六世紀以来多くの神学的見解や制度的諸形態が存在しているのである。それらは、いわば宗教改革の精神に則って後から成立したものである。私たちはこれを宗教改革の「学び続ける歴史（Lerngeschichte）」と呼んでいる。古い宗教改革的な教えの中にくり返し新しい洞察を得ることができたし、今も得ることができる。宗教改革者たちは皆それぞれ、今日「教育」と呼んでいるものを大変重視したからである。たとえばフィリップ・メランヒトンは情熱的な学問の教師であっただけでなく、労を惜しまず大学や学校改革に取り組んだので、「ドイツ人の教師」とも呼ばれている。ウルリッヒ・ツヴィングリは、ロッテルダムのエラスムスが校訂した原書で新約聖書を読めるようにギリシア語を教えただけではなかった。彼は一〇〇冊もの、当時としては非常にたくさんの本を所有し、一五一〇年、グラルナー教区にラテン語学校を創設した。宗教改革の教会のうち特に改革派の流れは、各地方におびただしい数の教会立の教育施設を創設した。例を挙げれば、チューリヒ預言塾（プロフェツァイ）やジュネーブ学院などである。

宗教改革的な使信は人間の実存的な経験や関心事と非常に密接に結びついているので、この宗教改革的伝統に立ってなされる教育は、若者をただ聖書テキストやその宗教改革的な解釈に親しませるという点に尽きるものではもちろんなかった。むしろそのような関連の中で、宗教改革は現在へと向けて解釈されてきたし、これからもそうされ続けるだろう。そのようにして一六世紀以来宗教改革の「学び続ける歴史」を織りなす新しい見解の数々が成立したのであり、さらにもっと新しい見方も成立するだろう。しかしこのことは、宗教改革の刻印を帯びた教会では、常に教育が特別な相対的価値を持つようになるということを意味している。だから、大学の授業は大学に任せ、それを必ずしも教会が実施しなくてもよいことになる。これに加えて宗教改革の教会はたえず社会教育に力を注いでいくことになる。教会は社会の中に存在しているからである。

　教育と、それによって促進された「考える信仰」（カール・ハインツ・ラーチョウ）が宗教改革的な関心事であったし、今も変わりはない。ファンダメンタリズム（根本主義）はどんな特徴をもったものであれ、宗教改革の関心事から最も遠いものである。一八世紀ケーニヒベルクの啓蒙主義の中で何度も強調された古代詩人ホラーツ（ホラティウス）の命令「アエテ深ク考エヨ（Sapere aude）」[訳注7]は、間違いなくプロテスタント的な関心事を言い表している。すなわち、宗教改革は知的に洗練された信仰に到達することを願っている。宗教改革は、理解したいと欲し、問い尋ねることの許される信仰を目指している。それはまたキリスト教信仰の大元である聖書に適っている。その点で宗教改革は、個人の知る権利を強める近代の傾向を、教会の中にも根付かせることに貢献した。したがって宗教改革は、近代的な自由の歴史の一部なのである。

　そのことは、例えば宗教改革的な聖書原理が近代において変容を被った点からも見て取れる。すでに一六世紀に、宗教改革的な考えに立つ神学者たちのやりとりの中で、確かに同一の聖書箇所について違う解釈が主張されるということはあった。だがそれは微妙な違いにすぎなかった。その後の歩みは異なる。今日のテキスト解釈法の持つ多元主義は、個々の聖書箇所の理解をめぐってもっとずっと多様になってしまい、その結果、聖書を解釈する個々の人間が非常に重要な意味を持つことが前提されるに至っている。聖書テキストを解釈する者は自分が正当と見なすたくさんの解釈法の中から自由に選択できる。もはや近代初頭に基礎づけられ、一九世紀に発展した歴史的言語学的テキスト解釈学という特定の形態に拘束されてはいないのである。

とはいえ、宗教改革的な神学と教会の全体は、その中心において誤っている近代の個人主義化の傾向が生み出した産物であるというような、時たま上げられる非難の声は当たっていない。宗教改革的神学によれば、確かに教会は救いを取り次ぐ独占的仲買人ではないにしても、キリスト教は共同性なしには考えられないものであり続けている。福音主義教会において中心的な神学的決定が下されるのは、個々人の単なる数字上の総計に基づいてではなく、いわゆる「大いなるコンセンサス（magnus consensus）」［意見を戦わせた後での共通合意］に基づいて下されるのである。なぜなら宗教改革の教会は、まさにその宗教改革的聖書原理をもって、以下のことに信頼を置いているからである。すなわち、神は聖霊を通して聖書の言葉の正しい解釈を教会に吹き込んでくださり、それ故教会を、さまざまな声がハーモニーを奏でる一体性へと導き、決して個々人の声が調和のない不協和音に陥らないようにしてくださると。

この宗教改革の「学び続ける歴史」を、私たちは四つの例を挙げて分かりやすく示すことができる。そしてさらに四つの例が多くの点で互いにつながりがあることも明らかにすることができるだろう。

(1)宗教改革に立つ教会と神学は、教派分裂の挑戦を克服し、エキュメニカル（教会一致運動的）に考えることを学んだ。宗教改革運動はさまざまな教派へと分裂した。同時に［カトリックとプロテスタントに分かれ］すでに複数になっていた西洋キリスト教の制度的な統一は崩壊し、それぞれの側が自分たちだけに責任があると認めることができず、結局分裂は決定的になった。だが近代初期ヨーロッパの外見を特徴づける教派戦争の歴史は、異なった宗教的立場どうしの和解が単に必要であるばかりでなく、決して不可能ではないことをも示していた。一六世紀は特に失敗した典型例を知っている。すなわち、一五二九年のマールブルク宗教討論において、ツヴィングリを中心とするスイスの宗教改革と、ルターを中心とする中部ドイツの宗教改革との間で、聖餐におけるキリストの現臨に関して多くの共通項を確認することができたにもかかわらず、協定を結ぶ合意には至らなかった。また後のルターの後継者たちとカルヴァンの後継者たちとの間でも、両者の見解はツヴィングリとルターのものに比べてより近いものだったにもかかわらず、教会一致を保つ完全な合意は不可能であるように見えた。一九七三年になって初めてヨーロッパの宗教改革に立つ教会は「ロイエンベルク一致協約」において、たとえ神学的な理解に依然として違いがあるとしても、福音の共通理解に基づいて諸教会は互いに教会として認め合い、聖餐も一緒に祝うことができると宣言した。分裂の克服は、この一致の後もなお宗教改革的な課題であり続けている。この課題はさし当たり、特にローマ・カトリック教会との関係で生じている。義認論は確かにカトリック教会と共同で公式化することができるが、教会を分けている職務やサクラメント理解の違いは残っている。分裂を克服する課題はまたメノナイト派との関連でも生じている。メノナイト派は宗教改革の主流派から言動両面で迫害を受けたいわゆる再洗礼派運動の信仰上の継承者である。二〇一〇年に共同の悔い改めの礼拝が捧げられた。聖公会や東方正教会とのさまざまなエキュメニカルな対話もまたこの課題に属していることは言うまでもない。

(2)宗教改革に立つ教会と神学は、非キリスト教化や無神論の挑戦に宗教改革の精神をもって対峙することを、今後もさらに学び続けなければならない。私たちの時代が初めてというわけではないが、今の時代は、内向きの新宗教の諸形態が増大していることで特徴づけられる。しかしこの時代はその反面、宗教改革者たちには思いも寄らなかった「世俗化」とも呼ばれる大規模な非キリスト教化によって規定されている。大勢の人々が神関係なしに生きており、それで何も困ったことはないように見える。マルティン・ルターの生まれた都市、テューリンゲンのアイスレーベンでは、今日人口のわずか七パーセントが教会の会員である。こうした状況にあって教会は、大勢の人々が毎日曜日の一〇時に礼拝に来ることを期待することはできない。礼拝は多くの人々にとって宗教儀式としてよそよそしいものになってしまった。この礼拝の中で歌われる讃美歌、祈り、聖書テキストにも同じように違和感がある。伝統は必要であるが、この点では刷新が求められている。そのような時代に、ルターのように信仰を呼び覚ます言葉を力強く語るにはどうしたらよいのだろうか。自由へと解き放つ福音を人間にもたらそうとする教会は、どのような形態を取らねばならないのだろうか。そのような問いに対する一連の答えが近年すでに提示され、試みられてきた。たとえば、礼拝は「より分かりやすい言葉で」提供されるようになっている。また別の点ではあるが、「外に出て行く姿勢（Geh-Struktur）」が、伝統的な「来るのを待つ姿勢（Komm-Struktur）」に取って代わり、特に東ドイツでは東西ドイツの統一後、多くの新しい福音主義の保育所やさまざまなタイプの学校が設立され、当然のことながら福音を広めるために「外に訴える」新しいメディアが活用されるようになった。とはいえ、かつてルターが見事にかつ冷静に言ったように、聖霊は「動き回るにわか雨」のようにその欲するところで働くので、組織体勢を変えただけでは何の保証もないということも、たえず念頭に置かなければならない。

(3) 宗教改革に立つ教会と神学は、男女の公平さを純粋に福音の本質に即した価値として理解し、それ故、男女性差による階級制度を断固取り除くことを、今後もさらに学び続けなければならない。歴史的に見ると、この発展は教会の職務を新たに考え直す機縁、すなわち女性もまた牧師としての務めに就くことが許されるかどうかという問いから始まったものである。宗教改革の職務理解にとっては、初めからずっとルターの認識が決定的なものだった。すなわち「洗礼によって新しく生まれた者は誰でも、自分が司祭、司教、教皇であることを誇ることができる」[5]。取り消されえないサクラメント的な性格を授けられ、平信徒にキリストを提示するため彼らに対峙するような聖別された祭司の身分など、教会には存在しえない。この彼の認識は、パウロ的な神学を背景に解釈されなければならない。「そこではもはや、ユダヤ人もギリシア人もなく、奴隷も自由な身分の者もなく、男も女もありません。あなたがたは皆、キリスト・イエスにおいて一つだからです」(ガラテヤ三・二八)。とはいえこの認識はずっと後になってから、つまり二〇世紀とその解放運動の経験を踏まえた上で初めて、女性も教会のすべての務めに就くことができるという見解に至ったのである。同様に女性の按手も、宗教改革的な洞察からずっと後になって苦労して獲得された成果である。教会を統治する管轄的な部署ではすべて、按手を受けた者も受けていない者も同等の権利で共に働くことができるという見解も同様である。

(4)宗教改革に立つ教会と神学は、諸宗教の対話を宗教改革的神学の純粋な課題と見なすことを、今後ますます学ばなければならない。キリスト教の神関係が依然として保持しているルーツとしてのユダヤ教との関係を新たに考えることがようやく緒に就いたのは、二〇世紀のユダヤ人根絶という蛮行があったからである。それに引き続いて今後課題であり続けるものは、特にイスラム教との宗教間対話である。イスラム教は宗教改革の時代に、誰もがそう思い込みやすい理由から神聖ローマ帝国に押し寄せるトルコ人と同一視され、そのため信仰内容が正確に受け止められることがなかった。古典的な宗教改革原理であるキリストのみを、平和的な共存が可能になる仕方でいかに適用することができるかは、もちろんまだ議論の最中である。その際、ユダヤ教の持つ特別な意義（三四頁参照）が一般的な諸宗教との対話の中で見失われることがあってはならない。

これら四つの事例において明らかなことは、宗教改革はさらに続くものだということであり、決して完結した出来事ではないということである。宗教改革は、神に由来し、聖書テキストに仲介された一つの運動として、最後まで人間が自由に処理しえないものであり、予測できないものである。それ故、一六世紀に始まった宗教改革の関心事を根本的に理解することは、聖書テキストにたえず帰ることと同様に、教会を改革するあらゆるプロセスにとって重要なものなのである。

第二章　宗教改革的神学の核心

宗教改革的神学の核心を「のみ（solus）」という小辞で導かれる五つの古典的な定式に基づいてこれからさらに詳しく神学的に説明する前に、先の第一章第一節で現代の日常用語の四つの概念（愛、承認ないし評価、赦し、自由）をもって書き換えた宗教改革の中心思想としての義認論そのものに、もう一度集中して向かい合わなければならない。

第一節　義認という概念について――宗教改革を解く鍵

「義認」とは、私たちが今日でもまだ使う概念である。私たちは「この判断は正当だ」、あるいは「彼は自分の行動を正当化できる」と言う。そのことで私たちは、ある事柄があらゆる疑念にもかかわらず、正常で正しいということを表現しようとしている。私たちは自分自身の行動に関して、なぜこれをしてあれをしなかったのか正当化しようとする。他人がすることとしないことも、場合によって正当化することがありうる。その際重要なことは常にそれを判断する審理機関に対して、たとえば裁判や他の人間、時には自分自身に対して、それを正しいと認めることができるかどうかである。義認の思想は、自分が行動することとしないこととに責任を持たねばならないことを示している。

私たちはまた「それは認められない！」とか「君の行動は正当化できない」と判断する。なぜならその場合、問題となっている事柄が正しいと見なしうる十分な理由がないと私たちは思っているからである。だから私たちの日常世界で義認の出来事は、その行為が適格で正しいと人々にうまく示せた時にだけ目的に達する。あるいは、そう行うことないし行わないことが正当だと認められた場合にだけ目的に達する。

宗教改革的な義認論は、この論理、すなわちただ正当である者だけが正しいと認められるという論理を打ち破る。人間は中心的な点で自分を自分で正当化することはできず、そして自分で正当化する必要はない。このことから宗教改革的な義認論は出発する。神の前では人間は自分を義とすることはできず、またその必要もない。そうであるのに人間は神によって「義認」される。人間が自力で正しい状態にあるからではなく、あくまで恵みによってである。「恵みによる義認」とは、私には愛すべき価値が何もないにもかかわらず、愛されることであり、受け容れがたいにもかかわらず、受け容れられることである。「愛される」「受け容れられる」という概念が明らかにしていることは、義認によって神が人間に授ける保証印が重要なのではないということである。むしろ重要なことは、神によって樹立され、信実に保たれる関係である。神はその人間が、神や他の人間、そして自分自身に対してどのように振る舞うかにはまったく構わず、どんな人間とも交わりを持とうとする。そして「にもかかわらず」「そうであるのに」という言葉が示していることは、神は義認をもって、事実そうである何かを確証するのではないということである。人間が承認に値するから神は人間を承認するのではない。神の愛と受容は、人間における愛するに値するものや受け容れる価値のあるものへの反応ではない。義認はもっとずっと深いところまで達している。それは人間の全体を、その脆さや自己中心性をも含めて考えている。まさにこのことを指して宗教改革者たちは、神は罪人を義とすると語ったのである。

宗教改革者たちの義認論は聖書テキストと対論し、特にパウロの神学と対話することを通してその特別の形態を獲得した。ローマの信徒への手紙の一節、「なぜなら、わたしたちは、人が義とされるのは律法の行いによるのではなく、信仰によると考えるからです」

（ローマ三・二八）は彼らにとって、キリスト教的に見て義認とは何を意味するのかを解く鍵となった。

どんな人間の人生であれ、この神による「義認」こそ人生の展望を根本的に変えられるものだと、宗教改革者たちは確信していた。義認論は神学的な特殊命題を述べているのではなく、慰め深く、救いに満ち、神に守られている人生の土台を表したものである。義認への問いは、「中心となる支柱（Pfeiler）を表現している。私たちの神崇拝はこの支柱に依存しており、そこに、最大の注意深さと細心さを向けるべき十分な根拠がある(6)」。

神による人間の義認がどれほど人生の助けになるかを以下に示すことにしよう。その際、solus Christus（キリストのみ）、sola gratia（恵みからのみ）、solo verbo（御言葉においてのみ）、sola scriptura（聖書に基づいてのみ）、sola fide（信仰によってのみ）というういわゆる「排他的な小辞」によって方向づけが提示される。これら五つの概念はすべて、タダ神ニノミ栄光アレ（soli Deo gloria）を目指している。それらは内容的に義認論の中核となる要素を表している。「のみ」はこの中核となる要素をそれぞれ排他的に先鋭化し、他の可能性を排除している。それ故、「（～から、において、に基づいて、によって）のみ」は、ここでは常に〔別の〕「（～から、において、に基づいて、によって）ではなく」ということを意味している。これらの小辞はその排他性において義認論の福音主義的理解の要点を表現しているのである。

この「のみ（solus）」という小辞によって導かれた核心は、詳しく言えば四つないし五つに分かれた形式で、一九世紀になって初めて登場した。しかしそれは一六世紀のテキストにまで遡る[7]。一六世紀に始まる宗教改革的な神学の三項目による要約が厳密に四項目ないし五項目の定式とどのような関係にあるかについて、今まで学問的に探求されたことはない。しかしいずれにしてもここで重要なことは、事柄を整理するための思考モデルである。それは必ずしも宗教改革を担った神学者の第一世代によって作られたものではない。だからこの思考モデルの厳密な成立年代を調べるのはここでは意味がない。以下に宗教改革の神学を五つの要点から展開することにする。そうすることで、宗教改革者たちによって聖書の言葉が口頭で説教されたことの意義が強調されるだろう。

内容的に見ると、これら排他的小辞はすべて神と人間との関係に関わっている。それらは、神について、人間について、そして神と人間の関係について言明することによって、この神と人間との関係をより厳密に規定している。それらは、神がこの関係のためにすでに行ってくださったことを詳しく説明する。そしてそれらは、人間によってなおなされるべきこと、また単純にただ起こるに任せねばならないことを指し示す。総じてそれらは、神と人間の関係は根本的に人間に対する神の愛を土台にしていることを明らかにする。神のところに来るよう努力しなければならないのは人間ではない。神はすでに人間のところに来ておられる。そのことを人間は信頼することができるのである。

第二節　Solus Christus ――キリストのみ（allein Christus）

第一項　神学的に基本的な考え方――もはや神から離れられない

イエス・キリストへの信仰はキリスト教を初めから特徴づけているものである。イエス・キリストを信じる者がキリスト者である。宗教改革の時代にこの信仰の告白には何の違いもなかった。では、そもそもキリスト教にとってキリストはどのような特別な意味を持っているのだろうか。

キリスト教は二〇〇〇年前、イエス・キリストへの信仰をもって始まった。弟子たちはイエスと共に生き、神が彼らに近くあることを彼から聞いた。さらにもっとある。イエスは自分自身の人格において神が特別な仕方で現臨していると語った。この方との出会いにおいて人間は救いをもたらす神の近さを経験したのである。

イエスの死、彼の悲惨な十字架の死は、彼におけるこの神の近さを一見疑わせるように思えた。十字架で死ぬ者、そのことで古代世界にとって特別辱めに満ちた死を被るような人間が、神の人でありうるはずはなく、むしろ神から見放された人間であるに違いない。この人間の中に神の近さを見た弟子たちの信頼はイエスの十字架の死をもって終わった。イエスは彼の使信も含めすべて間違っていたように人々には思えた。

しかしその後、予期せぬことが起こった。新約のテキストは、イエスに従った者たちが次のような経験をしたことを記している。すなわち、死んだことを皆が知っているこの人間が、何と生きているのである。この方は今もなお私たちと出会う。しかもただ神についての彼の理念と出会うのではなく、個人的な想い出として出会うのでもない。彼は生きた直接的な仕方で私たちと出会うのである。弟子たちはこの出会いを復活者との出会いとして描いた。彼らはそのことについてほかの人々に語り始めた。この方は死んでいたのに、神によって甦らされたのだと。そしてそのことは、彼の人格における神の特別な現臨についての使信が、決して間違いではなかったことをも意味した。彼は不当にも神を引き合いに出したのではない。神が彼を甦らせたことで、神はイエスの主張を確証したのである。

神は事実、この人間イエスに特別な仕方で近くおられた。彼はキリスト、すなわち約束されていたメシアであったし、今もそうなのである。彼は神を正当にも彼の父と呼んだ。彼は神の御子なのである。

復活者との経験から十字架は新たに解釈された。明らかに十字架は、初めはそう見えたとしても、決して神から遠く隔たった場所ではなく、人間に対する神の近さが特別な仕方で示されている場所となった。もし神がこの人間に特別に近くおられるとすれば、彼が苦しむことと死ぬことにおいても、そして彼の死そのものの中にも、神が近くおられるということである。苦しむこと、死ぬこと、死そのものは今や、神が常に近くにおられる場所として理解されなければならない。そのことで明らかになったことは、神はイエス・キリストにおいて、人間を神から引き離すものをことごとく取り去るという仕方で、人間と関わられたということである。その際、最初のキリスト者たちは、特に人間の罪を、人間の神からの疎外、妨げられた神関係として、また死を、神から究極的に引き離される場所として考えた。そこで彼らはこのように信仰を言い表した。すなわち、神はキリストにおいて人間の救いのために行動され、神から引き離すものとしての罪と死を、最後決定的に取り去られたのであると。

新約のテキストは、イエス・キリストにおいて救いをもたらす神の行為がすべての人間のことを考慮していると確信している。私たちは旧約の神の民、すなわちユダヤ民族に属さなければならないわけではなく、割礼を受けたり、食物規定を守る必要はない。イエス・キリストにおける神の行為はあらゆる人間のためであろうとしているのである。

宗教改革者たちは、キリストのみという定式によって、イエス・キリストのこの特別の意義と排他性を思い起こさせてくれる。イエス・キリストにおいて神は包括的に、すべての人間を考慮して行為されたが故に、私たちはキリストのみと言うことになるのである。ルターは、イエス・キリストがただ一人世の罪を負う神の小羊であると強調する。カルヴァンは、「私たちの救いの全体、そこに属しているすべてのことは、ただひとえにキリストにおいて決定されている[8]」と告白する。そして『ハイデルベルク信仰問答』の第一問は、同様に排他的な仕方でこう述べる。「生きるにしても死ぬにしても、あなたの唯一の慰めは何ですか。私が生きるにしても死ぬにしても、身も心も私のものではなく、私の真実の救い主イエス・キリストのものだということです[9]」。

しかし、このイエス・キリストの排他性の主張は不遜なものではないだろうか。どのように私たちは排他的な態度で臨み、救いに満ちた人生を約束する他宗教の根拠まで否定することができるだろうか。今日、宗教的多元主義という状況にあって、そのような態度は高慢に見え、取り除かれるべきもののように思える。しかし、この重要な問いをもっと詳細に検討する前に、まず宗教改革者たちの時代に、いったいどのような問いと論争に対してこのキリストのみが答えていたのかをもう少し正確に説明した方がよいだろう。

第二項　どこで神は明瞭に見出せるのか――ただキリストにおいてのみ

人間は神を問う。人間は自分の存在の根拠とその目的を問う。人間は根底から支えられていること、目的へと導かれることを求める。宗教改革者たちは、人間が自分自身からは神を認識することができないことを確信していた。「何が神であるのかを、私たちは自分ではほとんど知らない。それは、あたかもカブト虫が人間とは何かをほとんど知らないのと同じである」[10]。それではどうやって人間は神について知るのだろう。

　それでも宗教改革者たちは、すでにこの世の観察から「ある程度」神の存在について知っているということから出発した。本来どんな人間も――そう彼らは確信していたのだが――何らかの仕方で神についての知識を持っている。しかし宗教改革者たちは、世の中で起こることが二通りであることも見抜いていた。愛に満ちた善良な神を信じることをたやすくするようなことがしばしば起こる。朝起きてこれから始まる一日を楽しく迎えられるなら、この信仰はたやすく成立する。しかし別の場合、自然の大災害や、人間が互いに加える残虐な行為など、愛に満ちた善良な神を信じる信仰をひどく耐えられないものにし、いやまったく不可能にしてしまうこともまたこの世の中では起こる。ある人々は、神が彼らを罰しているか、御顔をそむけたのだと考える。神は沈黙しているように見えるか、ひょっとしてまったく存在していないかのようにすら見える。宗教改革の時代には、病気や戦争は人間を危険にさらし、時の終わりが近づいているように見えたので、人々の苛立ちが募っていた。それではいったいどこで人間は、いかに近く神が彼の傍らにおられるのかを認識できるのだろうか。宗教改革者たちの答えは、イエス・キリストにおいてということである。彼の中に私たちは神の御心を見ることができる。彼は「父の心を映す鏡[11]」である。イエスがその時代の人々と交わりを持ち、十字架上で自己を犠牲にしたことの中で、神は人間にご自身の身を向けておられる。彼の中に私たちは、神が人間を愛しておられ、決してただ一人孤高でありたもう方ではないということを認識する。

したがって、イエス・キリストにおいて神と人間との関係が新たに構築される。宗教改革者たちはこのことを、義認において罪人にキリストの義が転嫁されると語ることによって表現している。何よりもまずそのことで意図されていることは、人間は神の義の尺度には適合していないし、それにふさわしくあることもできないという診断である。むしろ人間はその態度において神と人間とにたえず対立してしまう。しかし神の義の本質は人間を罰する点にあるのではなく、彼を赦すためにイエス・キリストがその生と死においてこの義の尺度に適合してくださったという点にある。神の義の本質は、人間にキリストの義が転嫁され、その人間を神がただキリストの出来事の地平においてだけ見るという点にある。キリストの義の転嫁が、すなわち罪の赦しである。

人間がこのことを認識することができるためには、人間はイエス・キリストについて聞かなければならない。教会があれこれの活動に忙しく従事していることは許されない。イエス・キリストの生と死と復活の歴史を物語らなければならない。そのためにこそ教会は存在している。どんな人間でもキリストの歴史を聞くことができるようにすべきである。しかし教会がキリストの救いの業を管理し、監督することができると思い込むことは許されない。「正真正銘のキリスト者は誰であれ、生きている時も死ぬ時も、神が彼に与えてくださったキリストと教会のすべての宝に与る。たとえ免罪符などなくても[12]」。

第三項　人間は誰を信じるべきなのか——ただキリストだけを

宗教改革者たちの中心的な批判の一つは、中世末期の聖人崇拝と聖母マリア崇敬に向けられた。ある特定の危機に際して、人々はそのつど異なる聖人たちに祈った。人々は聖母マリアに特に熱心に助けを懇願した。人々は遠く離れた神よりも彼女の母性的なご加護に、よりたやすく自分たちの心配事を委ねることができた。諸聖人やマリアの功徳と執り成しは、人間が神の恵みに与《あずか》ることに貢献すると見なされていた。キリスト崇拝と神崇拝は背後に退いた。「何世紀も前から同じような仕方で、この世の生に別れを告げた聖人たちは神の同業者にされてきた。その結果彼らは、神の代わりに崇められ、懇願され、ほめ称えられている(13)」。

宗教改革者たちはこのようなキリストとは別の仲保者に神として懇願することを批判する。キリストによってだけ十分な救いが実現した以上、ほかの救いの仲保者などは明らかに閉め出されている。宗教改革者たちは、キリストと諸聖人の功績が一緒くたにされ、その中から教会が罪人たちにいくぶんかを分け与えるというような「教会の宝」という当時の表象も退ける。当時の考えでは、教会の宝の一部は善き業ないし悔悛として罪人たちのものとされるのである。これが、宗教改革草創期に批判にさらされた免罪符制度の土台であった。「教会の真の宝は、神の栄光にして恵みである聖なる福音である」[14]。ただの人間は、たとえ私たちが聖人と呼んでいるような人々でさえも、神の律法を十分に満たすことはない。彼らもほかのすべての人間とまったく同様に罪人なのである。したがって彼らに祈り求めたり、助けを懇願することは許されない。信仰は、ただイエス・キリストにおいてご自身を認識させる神に対してだけ向けられるべきである。「聖書によって、聖人に祈り、彼らに助けを求めるべきだということを証明することはできないだろう。『なぜなら、神と人間との間に立てられた唯一の和解者にして仲保者はただ一人である。それはすなわちイエス・キリストである』〔第一テモテ二・五〕からである。……この方が唯一の救い主、ただ一人の大祭司、恵みの座、神の御前における執り成し手である。……あらゆる危機や願い事のある時にこの変わりたもうことなき同一のイエス・キリストに心から祈り求めることが、聖書によれば最高の礼拝でもある[15]」。

第四項　現代の挑戦

一　教会からの挑戦――キリストを宣べ伝える

キリスト教信仰の中心にはイエス・キリストが立っておられる。ナザレのイエスは神学的な理念ではなく、キリスト者たちによってある特定の仕方で、つまりまさにキリストとして信じられている、一人の歴史的人格である。この方に対する信仰が伝えられなければならない。私たちはキリストについて聞いて初めて彼を信じることができる。しかし彼について聞くのは、具体的にはただキリストの教会においてだけである。教会はイエス・キリストに対する記憶と信仰を保持し、彼の生と死の歴史を伝承する。教会は言葉と業におけるイエス・キリストの福音を人々に宣べ伝えるために存在する。なぜなら人々は、自分で自分に福音を語ることはできないからである。

そこで、教会の内側から起こる挑戦課題はこうなる。実際にイエスがキリストとして語られる教会、それ故、神はイエス・キリストの人格、言葉と業以外の仕方では現臨されない方なのだということを語り伝える教会を、どのように形成することができるだろうか。このことは、説教のどの言葉、また教会のどんな集会でも、イエス・キリストが言及されなければならないということではない。しかし、イエス・キリストと関わりがなく、キリスト教的理解によれば、神が特別の仕方でご自身を認識させるようにしたこの方に接点を持つことがないなら、教会は存立しないであろう。

二　社会からの挑戦――誠実に応対する

私たちの社会が陥っている世俗化に直面すると、教会がイエス・キリストに焦点を合わせるということはあまり役に立たないように見える。もし人間がそもそもまだ何かを信じているのであれば、自分より超越した力か、あるいは何らかの仕方で「神」のようなものを信じているということで、もう十分だとすべきではないだろうか。イエス・キリストについての教会の説教は、イエス・キリストに神学的に集中することを求めることで、かえって自前の信仰を壊してしまうのではないだろうか。とはいえ、一人の人間の人生を本当に支える信仰というものは、常に特定の形態を持っているものである。「何らかの超越的な力」に対する曖昧な信仰などは、やはりただ曖昧にしか助けにならない。教会は、特別の信仰を言い表すことを恥じる必要はない。具体的な状況においてもなお持ちこたえられるほどに具体的であるような信仰を育てることによって、まさしく教会は人間を助けることができるのである。

明らかに宗教相互で理解し合う必要性のある複数の宗教が混在する社会にあっては、イエス・キリストに対するキリスト教信仰をもって社会を方向づけることは、宗教間の対話を妨げるように見える。他宗教にとってキリストは、どう見てもキリスト教にとってのキリストと同じ中心的意義を持っているわけではない。ある人々は問う。宗教間対話というコンテキストにおいては、キリストについて沈黙し、宗教的な共通性を求める方がよいのではないだろうかと。

しかしそもそも宗教間対話というものは、もし一方が自分の本音を隠し、実際にはそうである本当の姿をまったく知られないようにするなら、うまくは行かない。対話相手どうしが正真正銘の姿で出会う場合にしか、宗教間対話は成り立たない。私が自分の確信を真実だと見なすのと同様に、ほかの人も彼の確信を真実だと見なす権利を持っており、逆もまた然りである。ここでの挑戦課題は確かにキリストについて語るという点に懸かっている。しかしそれをする場合にも、他者の信仰を軽視したり、真実ではないと公言したりしないという仕方で行うことが肝要である。キリストに属しているということがキリスト者にとって生きるにしても死ぬにしても唯一の慰めであるのと同じように、他の宗教の信奉者にとっても、その特別な信仰は唯一の慰めなのである。この点は対話する双方の側で認められてよいことである。

第三節　Sola gratia ――恵みからのみ（allein aus Gnade）

第一項　神学的に基本的な考え方――神は人間に身を向ける

宗教改革の根本的洞察は、イエス・キリストにおいて神が人間に身を向けることは、ただ恵みからのみ起こるということである。「恵み」という概念を私たちは日常用語で知っている。囚人が恩赦を受ける場合である。罪が起こらなかったようにはできないが、それでも囚人は釈放される。恵みを求める者は、そうされても仕方がないのに、それとは違う仕方で遇してもらうことを期待する。

宗教改革者たちは恵みを強調することで、詳細な恩寵論を展開した最初の人、教父のアウグスティヌスと結びつく。彼の核心となる思想はこうである。神は、私たちの功績への報いとして、私たちに恵みを与えねばならない借りがあるわけではない。受けるに不相応であるのに神がそれを私たちに与えてくださる場合にのみ、恵みは「恵み」なのである。

それは人間にとって、神に対してであれ仲間の人間に対してであれ、自分の特定の行為や態度によって神の慈しみや赦しを起こさせることは人間にはできないということを意味する。人間は永遠の生命を神に強要することはできない。『ハイデルベルク信仰問答』は「真の信仰とは何ですか」との第二一問の問いに、まさにこの意味で答える。「真の信仰とは、神が私たちに御言葉において啓示してくださったすべての事柄を真実なものと見なす確かな認識であるばかりでなく、心からの信頼（ローマ四・一六―一八、五・一）でもあります。聖霊は福音を通して私の中にこの信頼を呼び起こし、ほかの人ばかりでなくこの私にも、罪の赦し、永遠の義、祝福が、まったくただ恵みから（aus lauter Gnade）、ひとえにキリストの功績のおかげで神によって贈り与えられるのです[16]」。

「恵み」という言葉は元来「自分を傾ける」ということを意味している。神は人間に恵み深いということは、神が人間にご自身を傾けてくださるということである。自由と愛から神は人間に身を向けてくださる。この愛はまったくただ神ご自身の中に根拠を持っている。それは私たちのうちの愛するに値する部分だけではなく、全人格としての私たちに向けられている。宗教改革者たちの見解によれば、まさにこの点で神の愛は人間の愛から区別されている。人間的な自然の愛が価値あるものに対して燃え上がるのに対して、神の愛は愛される価値のないものへと向けられ、それを今度は神にとって愛する価値のあるものとして創造する。「神の愛は、自分にとって愛する価値のあるものを前もって見出すのではなく、それを創造する。人間の愛は、自分にとって愛する価値のあるものから生じる」[17]。同じようにカルヴァンはこう記す。「聖書は至るところではっきりとこう語っている。神は人間の中に前もって神を惹きつけうる心地よいものを何一つ見出さない。神はまったくの恵みから人間よりも先に神の良きものをもって臨まれる」[18]。

第二項　神の行為全体の特徴としての恵み

宗教改革者たちにとって恵みとは、総じて神の行為全体の特徴であった。それどころか、彼らは世界の創造も恵みの行為であると見なした。「私は天と地の造り主、全能の父なる神を信じる。それは何を意味するのだろう。答はこうである。私には功績もふさわしさもまったくないのに、神がその私をすべての被造物と共に創造してくださったということ、身も心も、眼も耳も、すべての肢体も、理性も、あらゆる感覚をも私に与え、今も保持してくださっているということを、私は信じているということである」[19]。「私には功績もふさわしさもまったくないのに」とは「恵みによって」ということ以外の何ものでもない。したがって古い哲学的な問い、「なぜそもそも何かがあるのであって、むしろ何もないのではないのか」は、キリスト教信仰によってこう答えられる。すなわち、神が自由と愛から世界を欲したが故に、この世界は存在すると。神は他者がご自分の傍らに存在することを喜んで認めてくださるので、世界を創造したのである。被造物の側には、創造者に被造物を創造するよう促すきっかけになりえたものは何もない。神はその愛を分かち与えたいという意志から被造物を創造した。この世界が存在するということは、その根拠をただひとえに神の恵みの中に持っている。

そしてまた、キリスト者の望む死後の生命も神の恵みの贈り物である。義認の出来事と同様に、人間は死においてもまったく神の恵みに依存している。死んだ者として人間は、もはや神との関係や仲間の人間との関係を保持することはできない。死において人間はあらゆる関係を喪失する。しかし神は愛の故に人間を離さない。そのために神は人間に新しい永遠の命を贈ってくださるのである。

もし恵みが総じて神の行為全体の特徴であるならば、キリストの出来事、特にキリストの苦難と死を、あたかもキリストが神に人間を受け容れさせる功績を神の前で獲得してくださったかのように理解することはできない。あるいは神はキリストによって初めて恵み深い気持ちにならざるをえなくなったかのように理解することも許されない。神が人間をただ恵みから義と認めるということは、神の恵みがすでにキリストによる義認を生じさせる誘発因であることを意味する。キリストの生と死が神の中に気分の転換を呼び起こすのではない。そのような神なら、どう理解すべきであれ、キリストの犠牲によって気分を和らげられねばならない神だということになるだろう。神ご自身が十字架のキリストの中で行為されたのである。神ご自身が人間に恵み深くあることを欲したのである。それ故、神はキリストにおいて自ら人間の生きること、苦しむこと、死ぬことに関与してくださった。人間を死とその罪責から解放したのは神である。

第三項　人間の行為からではなく

宗教改革者たちが「恵みによってのみ」をもって批判したのは、彼らがその時代に「行為義認」だと感じ取っていたもの、それ故、自分の行為により神から承認を引き出そうとする人間のあらゆる試みに対してであった。人間が恵みによってのみ義とされるのであれば、業は最も小さな役割さえ果たすことができない。「もしそれが恵みによるとすれば、行いにはよりません。もしそうでなければ、恵みはもはや恵みではなくなります」（ローマ一一・六)。この広大無辺の恵みの概念によって宗教改革者たちは、恵みをただ義認のプロセスの一段階にすぎないとする中世の理解から自らを区別する。

宗教改革者たちは、この対比を際立たせることで何よりもまず、その時代一般の考え方に立ち向かった。その考え方とはこうである。すなわち、司祭、修道女、修道士といった聖職者身分に属する若干の人々は、特別の生活や誓約の遵守によって神のもとに特別の功績を得ることができるというものである。そうした生活によって祝福を獲得できるとする考え方の中に、宗教改革者たちは当時の聖職者身分の持つ問題性を見抜いた。「なぜなら、そのような修道会、修道院、分派は、そうした生き方や業によって祝福されることを欲し、またそれができるという意図をもって存続してきたし、またそのように認められてきたのであるが、それは明らかに、私たちの唯一の救い主、仲保者なるイエス・キリストの唯一の救いと恵みに対する耐えがたい冒瀆であり、拒絶だからである」[20]。

当時の免罪符の発行に対する宗教改革的な批判もまたこの恵みからのみからの帰結である。教会がこの時代に教えていたことは次のようなことである。すなわち、告解のサクラメントや罪の赦しの懇願によって、確かに罪に対する永遠の罰や地獄の断罪からは逃れられる。とはいえ戦争や病気や煉獄の火のように、罪の故に神から課せられたこの世での罪の罰を、引き続き耐えねばならないということであった。この罰を耐えることによってだけ、神の義を満足させることが行われるというのである。それでも告解で司祭の課す宗教的な業を果たすなら、信者はこの世における罪の罰を最小限にすることができる。まさしくこの世的な罰の軽減に向けられたものこそ、当時の贖宥制度だった。その中身は、懺悔をして免罪符を買う者にはこの世での罪の罰は免除されるであろうという教会の約束であった。これに対して宗教改革者たちは、神の恵みは十分であり、神が人間を赦すのであって、人間はもはや罰せられないのだと主張したのである。

義認の出来事から業を閉め出すことは、もう一つの根本的な考え方の出発点となっている。業の排除は、人間には自分を業によって神の前で義認することはできないという根本的な人間論的洞察を表現していると見るべきである。その理由は人間の根本的な構造にある。人間はその行いの中核において自分自身が気になって仕方がない。人間が神に義とされるために用いたいと思うあらゆる行いは、人間の自己中心的な根本構造の一部であり続ける。それ故、どんな行いも自分の自己中心性から人間を解き放つことはできない。神に対して正しくあろうとする努力は、たえずエゴイスティックな救いの関心事によって汚染されている。道徳的に立派なことでさえ、宗教改革者たちの確信によれば、そのような根本的な態度においてなされている。「しかもその上、世の評価に従い外面的に良いとされる業をなしても、人間の本性は必然的にそれについて心の中で自慢し威張る」[21]。この自己中心的な根本構造は、人間の立っているもろもろの関係、すなわち仲間の人間たちやまわりの世界に対する関係も、いや神との関係でさえも損ない、だめにする。

ただ神の恵みからのみが神による人間の受容の根拠であり、人間の側に理由となるものは何もないということによってだけ、この自己中心性の論理は打破されるだろう。この使信は今日でもなお有益である。私たちの社会のような業績社会において、今や人間はその日常の営みで幸いにも業績追求をしなくてもよくなる。彼は何も業績を上げる必要はなく、自分にも他人にも何かを証明する必要はない。こうして人間は安らぎを得る。

そのようにして人間は、有意義性や自分のアイデンティティーを自ら確実にしなければならないという努力から解き放たれ、自由になる。また他の人間に対しても自由になる。他者の身になって他者に身を向けることができる。このようなキリスト教的自由は、ある種の近代の自由理解とは区別される。ここで言うある種の近代の自由とは、他者によって侵害されない、自分の好みに対する選択の自由のことである。しかしキリスト教的自由とは、他者をも益するような自由なのである。

第四項　現代の挑戦

一　教会からの挑戦――根本的に罪人

人は恵みによってのみ義とされるという宗教改革の考え方は、この私たち、業績志向的な人間にとってはなかなか受け容れがたいものである。私たちは一方で自分の短所は見逃してもらい、見過ごされることを願っている。しかし同時に自分の長所の故に認められることも欲している。確かに神は私たちをその短所の故に拒否はしないだろうが、今度はその長所の故に神が私たちを評価してもよいではないかと私たちは考えている。これに対して宗教改革者たちは、人間は徹頭徹尾「罪人」であるので、そのように長所・短所の区別を設けることは神に対して不適切であると確信していた。

神学的な挑戦課題は明らかに、今後も「罪」について語り続けるという点にある。恵みを受けるのは罪人であって、義人ではない。ところが今日人々は罪について好んで語ることはもうしない。罪はささいなこととして軽くあしらわれるか（ちょっとチョコレートを「食べ過ぎちゃった＝罪を犯しちゃった」〔訳注8〕などと言う）、あるいは人差し指を持ち上げてほかの人を指し、その人の罪深い行為をなじるというように、道徳的に狭い意味で用いられる。

罪人とは常に他の人間のことなのである。

しかし宗教改革的な罪の概念と恵みからのみが言わんとしている中心的な事柄は、すべての人間は同じように罪人であるということ、すべての者が同じ仕方で恵みを必要としているということである。教会の宣教において、人間存在の根本構造に光が当てられるような仕方で「罪」についてどのように語ることができるだろうか。その場合、人間存在の根本構造とはこうである。人間は神から愛されていないと、関心がたえず自分自身を中心に回るようになる。彼は「自分自身の中に折れ曲がった（incurvatus in se ipsum）」[22]存在なのである。

二　社会からの挑戦――あまりに人間的な価値観の批判

宗教改革は一人の人格の、その人が誰であるかを示す指標と価値が、「生まれながらに備わっているもの（性別）、社会的状態（身分）、個々人の財産（成功）、宗教的な良き業（功績）とは関係なく、ただ神による承認の中にのみ基礎づけられていることを見て取っていた」[23]。この神の前における人間の均等性の中に、現代社会にとっても変革的な力が存在している。確かに宗教と性別は、現代の社会の中で法的に差別を受けてよい理由にはならない。しかし事実としてそれらはなお区別されており、それによって私たちは人間を分け、価値づけている。社会的な出身（育ち）と成功は疑いもなく分類を行う目安であり、それによって私たちは他の人を判断する。まさに宗教改革的な恵みからのみは、他の人や自分自身の存在の認知や評価をいつも規定しているこの区分けを、もはや重要ではないものにする。それは私たちに、そのような区分けをしてしまう隠された理由を探るように挑戦する。区分けは私たちの生活のいくつかの点で役割を果たしている。しかしそれは、私たちの人間的な相互の交わりを決定づけていると見なされるべきではない。むしろ究極的に人間は、そのような差別化とは無関係に互いに交わりを持つべきであると言えるだろう。他者はその成功もしくは業績によって定義されるのではなく、神が愛の故に彼を欲したということ、以前と同様今も欲しているということによって定義されているのである。

メディアと経済的な論理を特徴とする私たちの社会では、近年とみに他人の評価と断罪が鋭くなってきている。特に公に立つ人々を私たちは、どんな行為をし、どんな行為をしなかったかによってその人がどういう人物であるかを評定する。私たちはただ個々の誤った行動を批判するだけにとどまらず、多くの場合、問題の人物に対してまるで楽しんで嘲笑するかのように侮蔑的態度を取る。しかし恵みからのみは私たちに、別の仕方で区別することを教える。人間は成し遂げたことや成し遂げなかったことをもってその人の本質が決められることはない。神の恵みは人格と業とを区別する。神の恵みは同様に私たちにも、人格と業を区別すること、そのようにして憐れみ深くあることを教える。

　神が恵み深いということは、人間の過ちや恥ずべき行為などどうでもよいことだということを意味しない。最後の審判についてのキリスト教的な表象は、この点を明確に強調している。どんな人間もすることとしないでおくことに責任を取らねばならない。いつか人間は彼が他者に、そしてしばしば自分自身にもしてしまったことに気づくだろう。しかし幸いなことに、審判者は私たち自身ではなく、イエス・キリストである。このことは、審判に際しても最後には神の恵みに出合えるという希望を含んでいる。『ハイデルベルク信仰問答』はこの点を美しくこう述べている。「生きている者と死んだ者とを裁くために来られるキリストの再臨は、どういう点であなたを慰めますか。あらゆる困窮と迫害にもかかわらず、私は頭を高く上げて、天から来られる審判者を待ち望むことが許されていることです。この審判者は、以前私のために神の裁きの座に立たれ、あらゆる断罪を私から取りのけてくださいました。彼はあらゆる敵を、それ故私の敵であるものをも、永遠の断罪に投げ入れ、私を、すべての選ばれた者たちと共にご自身のもとに引き上げ、天の喜びと栄光の中に受け容れてくださるでしょう」[24]。

第四節　Solo verbo ――御言葉においてのみ（allein im Wort）

第一項　神学的に基本的な考え方――宣べ伝えられる神の言葉

宗教改革者たちは言葉に中心的な意義を付与した。その際彼らはまず何よりも神の言葉を念頭に置いていた。神は彼の言葉によって世界を創造された。「そして神は言われた。光あれ。すると光があった」（創世記一・三）。神は被造物をその言葉によって保持しておられる。しかし宗教改革者たちにとっては、神の自己啓示としてのイエス・キリストが決定的な神の言葉である。彼において神はご自身について語られる。キリストにおいて神はご自身を啓示する。そしてキリストにおいて神は人間に語りかけておられる。彼の人格において神は人間を信仰へと呼び覚ます。人間の方でもこの言葉について物語る。彼らはイエス・キリストについての福音を宣べ伝える。彼らは、人々がイエスと共に経験した物語について説教する。宗教改革者たちは確信していた。「今日この神の言葉が、正規に召命を受けた説教者を通して教会の中で宣べ伝えられる時、私たちは、神の言葉そのものが宣べ伝えられ、それが信仰者たちによって聞かれていることを信じる」[25]。

なぜ御言葉がこのように中心的意味を持っているのだろう。それは、御言葉が信仰を呼び起こすからである。人間が御言葉を聞く時、人間の中に信仰が生じる。人間は言葉を聞き、感じ取り、そしてこの言葉は真実であり、私はこの言葉を信頼できるということを認識する。知性を備え、責任応答性を持った存在としての人間に、神は言葉で語りかける。人間は神と人間と世界について大事なことを理解すべき存在だと考えられている。人間はイエス・キリストの意義を理解すべき存在なのである。人間は悟性をもって御言葉を後から追考することができる。しかし人間が心をもって御言葉を理解するのは、ただ聖霊が御言葉を内的に開き、人間が、ここでは自分のことが言われているのだと気づく時だけである。それ故、人間はその信仰を信仰告白の形で告白することができる。そこには彼の信じていることが表現されている。御言葉は感覚を持った存在としての人間に向けられている。サクラメントにはこの感覚性がもっとはっきり表現される。サクラメントにおいて人間は神の約束をさらに身体的に味わうことができる。サクラメントとは見える言葉（verbum visibile）なのである。

宗教改革者たちは神の言葉の二つの形態を区別した。律法と福音である。両者は聖書テキストに登場するが、説教あるいは礼拝の中で聞くことができる。人間はさらに良心でもそれらを感じることができるが、それは特にこの良心が聖書テキストに即して形を取って現れた場合に限る。律法は人間に、彼が何をなすべきかを示す。そして律法は、あらゆる努力にもかかわらず、人間は限界にぶつかることを教える。彼の行う最良の行為において、人間は神との関係を忘れる。だから宗教改革者たちは、律法は人間に彼の罪を立証すると語ったのである。これに対して福音は人間に、神が彼のために何をしたのか、また何をしようとされているのかを語る。福音が人間に示すことは、神が彼の罪を赦してくださるということである。

第二項　神によって告げられる判決としての義認

義認はただ言葉においてのみ起こる。そのことで言われていることは、義認とは、神が人間に告げられる判決であるということである。人間にキリストの義が与えられるので、人間はその罪の故にもはや律法によって告発されることはなく、神によって無罪放免される。「他なる義」、まさしくキリストの義が人間に帰せられる。「義認とはここでは、法廷用語に従って被告を無罪放免し、正しいと宣言することを意味する。しかもそれは他ナル義（aliena justitia）のおかげ、すなわちキリストの義の故にである。この他ナル義が私たちに信仰によって分け与えられるのである」[26]。神が人間にその罪を赦し、それ故人間を正しいと判定することによって、人間は神にとって事実としても正しいのである。これは、あたかも二人の人間どうしの間で起こることになぞらえられる。そこでは一人がもう一人に「私はあなたを赦す」と言う。この一言さえあれば、もう赦しは現実になる。

この神学的イメージは、義認が人間に外から贈られるものだということをもう一度際立たせている。そしてこのことは全生涯にわたってそうであり続ける。だから人間は生涯ずっと、神によって受け容れられ、愛され、義とされていることを信頼し続けるのである。

第三項　義認は人間に告げられねばならない

御言葉においてのみは人間の側からすると、義認についての福音は人間に告げられねばならないということを表現している。ただ御言葉によってのみ人間は神の恵みについて知る。人間はそれを自分自身の中には見出さない。神が無条件で私に近づいてくださったということ、神が私を前提条件なしに受け容れてくださるということ、すなわち、現にあるがままの私と交わりを持とうとされるということ、それは、私が人生の知恵として自分の中に何ら見出すことのないものであり、他者から私に告げられねばならない事柄である。私が自分の中に見出すものはむしろ自己疑心である。私は神に満足していただいているだろうか。私は果たして、神が私との交わりを我慢してくださるような人間であるだろうか。他の人の方が神にとってははるかに有用ではないのか。私の人生における怠慢の数々、あるいは他人にしてしまった加害の数々はすべてどうしたらよいのだろうか。この怠慢が赦されうるということ、しでかしたすべてのことにもかかわらず神との交わりに生きることが許されるということ、そのことを認めるに足る根拠もまた勇気も、私は自分の中に見出さないのである。自分で自分に赦しを告げることのできる者は一人もいない。そのようなものは私に外から告げられなければならない。

　人間に告げられる御言葉こそが頼りであるというこの事態が、教会を必要なものとする。教会は「そこにおいて福音が純粋に説教され、聖なるサクラメントが福音にかなって提供される、すべての信仰者の集まり[27]」である。教会は自分でもまさに次の言葉によって生きる。すなわち「どのようなものがキリストの教会であろうか。それは、彼の言葉を聞く教会である[28]」。

第四項　現代の挑戦

一　教会からの挑戦——心と知性をもった説教

プロテスタントの礼拝では言葉が中心的な役割を果たしている。説教という形態においては特にそうである。説教の強調は、神と世界と自分自身を理解することがキリスト教信仰では重要であるということを示している。何を信じ、なぜ信じるのかを表現できる、自分自身を理解する信仰は、福音主義の敬虔さを特徴づけている。たとえば信仰講座のような教会のさまざまな宗教教育プログラムはそのことに役立っている。このように人間はキリスト教信仰を理解することができると語ることは、日々新たに挑戦することを言い表している。さまざまな知的レベルに合わせ、しかも同時に特定の層に偏らない言語が求められねばならない。このことは牧会や教会教育にも当てはまる。

とはいえ、福音主義の敬虔さにおいて言葉が重要な役割を果たしていると言っても、信仰は純粋に理解できるものだけに還元できるということではない。言葉をもって語りかけられることは心の確信を生み出す。それは頭では手に入らなかったものである。

二　社会からの挑戦――語りには時がある

見えるイメージが優先的に支配し、映像がほとんど洪水のように溢れているようなこの社会では、プロテスタント教会の言葉への集中は古くさいように見える。映像にすれば、瞬時にもう全体が把握されるし、目まぐるしく変わる魅力的な映像なしには、もはや製品を推奨することもできない。もし福音がこうした生活世界を生きている人間に届けられるべきであるなら、そのようなほとんど抗いがたい映像化という時代の変化に直面して、言葉で導くことを保持し続けることができるのだろうか。

まず最初に言えることは、いくら言葉に集中するからと言って、プロテスタント教会が他の感覚まで否定するとまでは考えていないということである。プロテスタントの礼拝にも、見て、味わい、そして音楽によって――しばしば言葉なしに――聞かれるべきものがある。プロテスタントの伝統にあって「御言葉」以外のものはすべて気晴らしと見なされるが故に軽視されるというような、しばしば行き過ぎた狭い考え方は、今日では克服されている。

同時にその裏では、このプロテスタント教会の言葉を重視する態度は、私たちの今の時代にとって特別のチャンスをも表している。言葉を聞くためには時間を必要とする。私たちは一瞬では言葉を理解しない。人は少なくとも語られる文章の全体を待たなければならない。待って沈黙することも常にまた、語ることと聞くことに属している。プロテスタント教会はこの言葉を重視する態度をもって、人間に時間を与え、集中を可能にする場所となることができる。「黙するに時があり、語るに時がある」（コヘレト三・七）。

第五節　Sola scriptura ――聖書に基づいてのみ（allein aufgrund der Schrift）

第一項　神学的に基本的な考え方

これまで指摘した三つの排他的小辞のもたらす先鋭化は、義認の出来事からそれぞれ異なったものを締め出そうとしてきた。そのことで当時の誤った行き方に批判的に立ち向かい、改革を呼びかけることになった。しかしこの批判的な見方は、神学的に発言したり、教会的に実践したりする上で、明白な基準を必要とした。いったいどこからキリスト教神学を正しく導き出せるのだろうか。キリスト教的確信を認識する基となるものは何だろう。

教会の特殊な教えに拘泥せず、キリスト教の原初の使信に再び近づくために、宗教改革者たちは最も古い資料である聖書に向かい合った。旧約と新約の諸文書を彼らは自分たちの考え方の基準（ギリシア語でカノン）にした。「信仰の問題において、教皇や司教会議、全体教会は、何かを変えたり確定したりする権限を持たない。信仰箇条は端的に聖書の指示（原典）に照らして吟味されねばならない」[29]。この点で彼らは、精神史の源泉に帰れ（ラテン語で ad fontes）という当時の人文主義の研究動向に従った。大学の他の学科のように神学においても最も古いテキストを追求し、特にその原初形態に近づくために、それをもともとの言語で読んだ。その際、一五一六年に新約聖書ギリシア語原典の新版を出版したロッテルダムのエラスムスのような人文主義の学者の仕事が不可欠の土台となった。

聖書テキストに遡ることによるこの［聖書のみ原理の］精神史的な基礎付けと並んで、宗教改革者たちにとってもう一つの課題が浮上した。それは［聖書のみ原理の］神学的な基礎づけである。キリスト教信仰の中心には、イエス・キリストの福音が立っている。けれども、キリストはただ聖書の中にのみ見い出せる。新約聖書のテキストは、キリストの生と死と復活の報告とそれについての考察を中心にしている。そして旧約聖書のテキストは、やがてキリストにおいて成就することになったもろもろの約束を語っている。そう宗教改革者たちは確信していたのである。

第二項　神の言葉、伝統ではなく

宗教改革以前の神学も聖書テキストに取り組んできた。しかし、彼らにとって権威として認められていた口頭伝承や教父たちの見解、教会会議の決定という眼鏡を通して、彼らは聖書を読んでいたにすぎない。そのように「伝統」は神学的見解を「聖書と」共に形作ってきた。中世のほとんどの思想家にとって、伝統が聖書と一致しているのは自明の理だった。ただ時折聖書に取り組んでいる中で、この前提が間違っているかもしれないという疑惑が頭をよぎることもあった。人文主義的な教育によって訓練を受けた宗教改革者たちが、初めて聖書と伝統との違いを批判的に指摘したのである。

彼らは聖書を唯一の基準として教会的教えの尺度にし、聖書と一致しないような伝統に聖書を対峙させた。そうすることで彼らは、人間が作った神学的教えや敬虔さから生まれた伝統による影響からキリスト教信仰を解き放とうとした。聖書に基づいてのみはそれ故、聖書と競い合う権威を教会が要求することに対して反対している。聖書テキストと一致しない教会の教え、たとえばキリストと聖人たちの良き業に基づく「余剰の」功績から生じる教会の蓄財という考え方などは、ことごとく彼らによって拒否される。古代教父たちを引き合いに出して彼らの立場を根拠づける当時よく見られた議論も、宗教改革者たちにとっては何ら最終的な権威を持ってはいない。決定的なことはただ、なされた発言が聖書テキストに一致しているかどうかである。こうして聖書が教会の批判的な対向者になる。教会の教えや実践は聖書に当たってくり返し新たに吟味されねばならない。

宗教改革者たちは聖書を「神の言葉」と呼んだ。それはしかし、これらの文書が人間によって書き表されたものだという、一六世紀にすでに現れていた見解に対立するものではない。人間は「神が……託宣や幻を通して告げたり、あるいは人間たちによる伝達や奉仕を通して彼らに伝えられたこと」をこれらの文書に書き留めたのである。その際「その教えは彼らの心の中に揺るぎない確信をもって刻み込まれた。……彼らは、自分たちが見聞きしたことが神から来たことに堅固な確信を持っていたし、明らかにそう見なしたのである(30)」。

その論理には自己矛盾があると宗教改革者たちは非難された。その非難によれば、聖書の権威は教会によって初めて確立されたのであって、人は聖書をただ教会において高く評価されるが故に読むのだからというのである。これに対して彼らは反論した。教会が聖書の権威を実際に体験しているが故に、ただその理由からして教会は聖書に高い権威を認めているだけであると。テキストを読む際に、私たちは当時の著者たちと類似の経験をする。私たちはこの点で、「真理が今私たちに出合っている」と言えるほどに、私たちが真理に語りかけられているのを感じ取る。「聖書の真理はどこまでも自分で自分を証明しているのであり、したがって色が白いか黒いか、味が甘いか苦いかというのと同じほど明白なのである(31)」。

第三項　聖書と共なる人生

宗教改革者たちにとって、正しい聖書解釈を保証するものとしての教会的権威は必要ない。どんなキリスト者でも自分で聖書テキストを理解することができる。そのことは、多く引用される命題「聖書は自分で自分を解釈する(32)」ということを意味している。聖書の中には、人間が生きるために必要な言葉の数々が見出される。したがってキリスト者は誰でも聖書と共に生きるべきであり、あたかも兎《うさぎ》が住みかである隠れ家に潜り込むように、聖書を読んでその中に潜り込むようにすべきである。「岩の隙間の兎のように、聖書の中に潜り込み、その中に留まっていなさい(33)」。

どんなキリスト者でも聖書を自分で読むことができるようにと、宗教改革者たちは聖書テキストを彼らの母国語に翻訳した。聖書翻訳を公刊したのはマルティン・ルターが初めてではないが、彼の翻訳は特に影響力の大きなものだった。彼がドイツ全土に理解される言葉を用いたということがこの点に貢献した。それに加えて、彼は素朴な人間にも理解できる生き生きとした表現方法に努めた。ルターのモットーはこうである。「私たちは家の中の母親に、通りの子どもたちに、市場にいるふつうの人間に尋ねなければならない。そして彼らが語っている通りのことをよく心得、それから翻訳しなければならない。そうすれば彼らもそれを理解し、自分がドイツ語で語りかけられていることに気づくだろう[34]」。こうしてルターの聖書翻訳はいち早く大きな評判を得た。ルターの翻訳業と本の印刷術が可能にしたルター聖書の広範な拡がりによって、たちまち聖書の言い回しによく似たドイツ語の言語形式が帝国内に浸透した。私たちはルターを新しい標準ドイツ語の先駆者と見なすことができる。

宗教改革的な聖書に基づいてのみの正しい理解にとって重要なことは、そのことで決して、個々の章句一つひとつに固執して、それを神から口述筆記させられた言葉として理解するような聖書主義が目指されているのではないということである。私たちは、「一つの言葉にこだわり、重箱の隅をつつき回す」べきではない。「全体のテキストの見解を、互いに関わり合っているままに見て取らなければならない」[35]。私たちはテキストの意味とその向かう方向を問わなければならないのである。

すでに時折中世の思想家たちに見られ、しかし何と言ってもとりわけ人文主義者たちがそうであったように、ルターもすでに聖書と批判的に取り組む術を知っている。テキストがキリストへの信仰を促さずに、信仰を妨げている箇所では、そうしたテキストは非難されるべきである。聖書はその内容的な中心から理解されなければならない。そのためルターは、義認論をあいまいにするヤコブ書を特に批判せざるをえないと考えた。ヨハネの黙示録に対しても、ルターは懐疑的だった。このテキストが「聖霊に満たされたものである」［ヨハネ黙示録一・一〇］[36]と感じ取ることができなかったようである。

自分一人で聖書を読むことを通して、今やどんなキリスト者も、教会が語ることが福音にかなっているか否かを判断することができるので、宗教改革の時代に新たな教会制度が形成されることになった。階層的な教会構造に代わって、一人の牧師が行使する説教職の持つ中心的役割が前面に躍り出た。表面的な教会運営に関してはさまざまな解決法が見出された。ルター派では役員会を教会法により領主の下位に位置づけることで、領主の管轄下に戻ることができた。この道はしかし、カトリックの上級機関と対決しつつ発展したオランダやフランスの改革派教会には通用しなかった。そこでは神学者ではない信徒も代表者となる独立した教会会議が設立された。一九一八年以後ドイツのすべての州教会でも、教会会議が信徒の積極的な参加を得て、中心的な議決権を持つに至っている。

聖書に基づいてのみについての宗教改革的な教えは、当時のいくつかの霊的熱狂主義的な展開に対して反対する。霊的熱狂主義においては、聖書の言葉との結びつきなしに、聖霊から直接の霊感が得られると考えられていた。しかしそれによって、恣意的な独善的解釈に扉が開かれてしまった。キリストにおける方向づけはもはや保持されなかった。そこで宗教改革者たちはこう鋭く批判した。「もし前もって発せられる外的な言葉によってではなく、あるいは外的な言葉と共にでないなら、神は誰にもご自身の霊や恵みを与えられない。この理由で私たちは熱狂主義者たち、すなわち心霊主義者たちに用心する。彼らは言葉なしに、また言葉を聞く前から霊を持っていると自分たちを誇り、それに従って聖書や口で語られる言葉を判定し、改釈し、自分たちの望むままに歪曲している[37]」。

第四項　現代の挑戦

一　教会からの挑戦――生きるための真理

現代では聖書に基づいてのみを、もはや宗教改革の時代と同じように人々に理解させることはできない。宗教改革者たちとは違って、今日人々は、個々の聖書文書の成立と聖書正典それ自体の成立が伝承の出来事であることを意識している。プロテスタントの「聖書のみ」とカトリックの「聖書と伝統」という古い対立は、当時まだ宗教改革と対抗宗教改革を規定していたものであったが、今日ではもはや一六世紀のように有効ではない。それでも以下のことは妥当する。すなわち、「福音主義的解釈によれば、諸伝統は常に聖書という原証言において、しかもその中心において方向づけられねばならず、それらはこの原証言から批判的に評定され、常に新たに習得されねばならない(38)」ということである。

一六世紀以来、聖書テキストは歴史‐批評的に研究される。そのため聖書テキストを、もはや宗教改革の時代のように「神の言葉」として理解することはできない。宗教改革者たちは基本的に、聖書テキストは本当に神ご自身によって与えられたものだというところから出発した。しかしテキストの断片の種々の異本や、さまざまなテキストの年代層の発見に直面すると、このイメージはもはや維持しがたいものである。そこから生じる問いは、結局聖書に基づいてのみは今日でも有効でありうるのかどうか、もし有効ならどのように、またなぜそうなのかという問いである。

宗教改革的な聖書に基づいてのみは衝迫力を失っていることが明らかになったと見るべきなのだろうか。ただ聖書を真剣に受け止め、一語一語を神から与えられたものとして理解する人だけがその威力を感じるだけである。ではどのように聖書は今日でもなお神の言葉として考えられるのだろう。なぜ聖書は現代の教会生活においても中心的役割を果たしているのだろう。それは何よりもまず、私たちがこのテキストから、イスラエルの神とイエス・キリストの父について知るからである。だからキリスト教の礼拝では、聖書テキストが読まれ、説教の中で聖書が説き明かされるのである。多くのプロテスタントのキリスト者にとって規則正しく聖書を読むことは、自分一人で家にいる時であれ、ほかの人々と一緒の時であれ、信仰の大切な要素である。現にそうしているのは、明らかに彼らがこのテキストを通して特別に語りかけられていることにくり返し気づいているからである。聖書テキストの中には、神と共なる人間の経験が凝縮されており、その結果、聖書を読むほかの人間も聖書の中に自分を再発見し、神と共なる彼ら自身の経験をその中に見出すことができるのである。「これらの文書〔旧新約聖書〕は私たちにとって……歴史的記録以上のものである。それは、イスラエル、初期ユダヤ教、あるいは私たちの暦の数え方で一世紀に十字架上で処刑された、ナザレのイエスと名乗る一人のユダヤ人の巡回説教者を拠りどころとする小グループの人々の宗教的確信を記した歴史的記録以上のものである。その理由は、私たち以前のキリスト者と同じように私たちも、その言葉の中に常に新たに働く、変わることのない生きた神の声を聞くからである[39]」。換言すれば、まさに宗教改革的神学の中で神の言葉の特徴として何度もくり返し表現されてきたように、今日まで人間は、このテキストの中に、テキストと共に、そしてテキストの下で〔訳注9〕神から語りかけられており、心の琴線に触れられているのである。だからこの意味でこれらのテキストを、今日でもなお「神の言葉」と見なすことができる。それは決して抽象的な判断ではなく、これらのテキストと共に生きた体験の叙述である。すなわち今日でも私たちは、これらのテキストを読んだり、聞いたりするたびに、――毎回自動的にというわけではないが、何度もくり返し――これらのテキストが真理を、つまり自分自身と世界と神についての生きる助けとなる真理を含んでいることを感じ取る。だからこそこれらのテキストは、依然として教会の正典を形作っているのである。

二　社会からの挑戦――聖なるテキストとの取り組み方

現代では、一つの古いテキストによって方向づけをすることは、あらゆる書物の宗教を疑惑にさらしている。それはイデオロギー［自分で物を考えない押しつけられた観念］ではないかという疑いである。そこでは、正しい信仰や正しい人生について自立して一つの判断を下す代わりに、古い正典的なテキストを念入りに読むということになる。

キリスト教会は過去数世紀にわたって、学問的に考察を加えて聖なる書物と取り組む方法を発展させてきた。それは他の学問の合理性やテキスト解釈の基準に比べ、いかなる点でも引けを取らないものであり、若干の点ではむしろ聖書解釈こそが初めて他の学問の解釈法を導き出したとすら言える。しかし同時に聖書テキストは信仰と生活との源泉である。ではその場合、いかに、そしてなぜという問いが、くり返しになるが、解釈学的に説明されなければならない。

この［学問的に考察を加えて聖なる書物と取り組む］特別の能力は、キリスト教会を、他の書物宗教、特にヨーロッパにおけるイスラム教との対話に引き込む。キリスト教会は、聖なるテキストとの歴史的、批判的取り組み方が必ずしも信仰を破壊しなければならないわけではないことを示すことができる。さらにキリスト教会は社会と対論しつつ聖書テキストと関わることによって、どのようにその社会の文化的な伝承を保存し、キリスト教に取り入れることができるかを、印象深い仕方で示すことができる。

第六節　Sola fide ——信仰によってのみ（allein durch den Glauben）

第一項　神学的に基本的な考え方——天から操られる人形劇場ではなく

もし神が義認においてすでに十分多くのことを成し遂げてくださったのなら、どのように人間はこの義認の中に加えられるのだろうか。それはただ信仰によってのみである。キリストにおいてのみ、恵みによってのみ、そしてただ言葉をもってのみなされる神の行為に人間の側で対応するものは、信仰である。いやそれどころか、義認は天から操られる人形劇場での出来事ではない。それは何もしないで自動的に起こる単純なものではない。義認は一人の人間にとって、ただ彼の人生に義認が到来する場合にだけ現実的になる。このことは信仰において起こる。信仰は神と自己自身とに対する新しい実存的な態度である。信仰において人間は神によって義とされたことを受け容れ、この義認から自分を理解する。

信仰とは、神が恵み深くあることに自分では何一つ貢献できない事実に対して、然りを言うことを意味する。信仰はまさしくこの神の愛に然りを言うことである。信仰において人間は、神が彼のあらゆる不利な状況にもかかわらず、彼を受け容れてくださったことを自分でも受け容れるのである。

信仰によってのみとは、まさしく「業によってではなく」を意味する。人間は神の恵みをただただ身に受けるほかはない。人間は自分自身の義認に自分では何も貢献できないことを受け容れなければならない。

神は人間に彼の言葉で語りかける。この言葉によって信仰が生じる。人間はこの言葉に自分を委ね、その結果彼についての自己理解を断念させられるのである。

もし人間が神を信じ、それ故、自己理解を断念して神の恵みと善を甘んじて受けるなら、その時人間は神に神となっていただく。神は人間に良きものを与えようとしておられる。神はご自身を贈り与えようとする。人間は信仰においてこれをありがたく受け容れるのである。

第二項　信仰は人間の業ではなく、神からの働きかけである

神による受容に自分が何も貢献できないということは、人間にとって認めがたいことである。だから、少なくとも信仰を、人間が「行う」ことのできるものと見なそうとするのはもっともなことである。そうなると、人間は彼の信仰の故に神から認められるように見える。彼の信仰のおかげで神の前に義とされるという具合である。しかし信仰がいつの間にか、神の前で人間が影響力を行使できるような一つの業になることは許されない。その理由で宗教改革者たちは、信仰が人間の自由な決断であるというような考え方には反対した。なぜなら、その場合にはこの自由な決断が、義とされるために人間が遂行しなければならない業と見なされうるからである。宗教改革者たちはそれ故、人間は信仰を自分自身から創り出すことはできないということを主張し続けた。この点について彼らは、信仰は神すなわち聖霊によって呼び起こされるものであると語ったのである。もし人間が信じることができるとすれば、そのすべては神の恵みに因る。宗教改革者たちが、信仰は御言葉によって呼び起こされると語った時も、まったく同じことが言われている。人間が御言葉を聞く場合、御言葉は自らが真実であることを人間に納得させる。「御言葉が人間を抱き、

心に触れ、人間が御言葉の中に捉えられていると感じ、御言葉が真実で正しいことを彼が感じ取るほどに、御言葉自らが必ず心に十分働きかけてくださる。たとえ全世界、あらゆる天使、世界中のあらゆる君主たちが違うように語ったとしても、いやそれどころかたとえ神ご自身が別様に語った場合でも、御言葉自らが必ず心に十分働きかけてくださるのである(40)」。

それ故、信じるということは何ら人間の功績ではない。人間はある特定の信仰を自分に強要する必要はない。人間は、神が信じるようにと彼を助けてくださることに信頼することが許される。しかし信仰は同時にいつも活動的な信仰でもある。なぜなら信仰は聖霊によって、強制されることなしに、「自ら進んで誰かに善をなし、喜んで仕え、あらゆることを耐え忍ぶようになる(41)」からである。良き業は、あたかも信仰から自ずから生じるように、言わばまったく当たり前の結果として生じるのである。

第三項　全信徒祭司性

義認に直面して人間の側に何かが起こるとすれば、それはただ一つ、彼が信じるということである。これは神の働きに基づいて起こるので、教育や社会的身分には関係がない。信仰は教育を受けた神学者や教導職にある聖職者たちとまったく同様、いわゆる平信徒にも与えられる。したがって宗教改革者たちにとって、あらゆるキリスト者は同等である。彼らの間には何ら原則的な違いはない。「教皇、司教、司祭、修道僧は聖職者の身分と呼ばれるが、それは人間がでっち上げたことである。それはまことに見事な偽りに満ちた捏造であり、見せかけである。そんなことで誰も怖じ気づくべきではない。そう言うには理由がある。すべてのキリスト者はまことに霊的身分に属し、彼らのうちには何の区別もないからである。重要なことは、私たちが一つの洗礼、一つの福音、一つの信仰を持っており、同じキリスト者であるということである。なぜなら、霊的でキリストの民とするものはただ洗礼と福音と信仰だけだからである。……それ故私たちは皆こぞって、洗礼によって祭司へと叙階されるのである[42]」。したがってすべてのキリスト者が「聖職者の身分」にあり、「信仰者すべてが祭司である制度」が存在する。そのことはすなわち、すでに示唆されているように、宗教改革の教会には、固有のサクラメントによって確証されるような叙階された祭司の身分は存在しないということである。むしろ公になされる御言葉の宣教とサクラメント執行の権能が、教会法的に正しく行われる手続きに従い、全会衆の執り成しのもとで特定の人々に委譲されることが可能になる。それ故、福音主義教会の牧師は

［特別な身分へと］叙階されるのではなく、按手によって［特別な務めを］任ぜられるのである。

この洞察は教会機構をまったく新しく整えることになった。いやそれどころか、そもそも宗教改革によって初めて社会的な大変革を実現するまでに至ったのである。キリスト者は誰でも祭司として神の前に直接立っている。神に至るのにキリスト以外の仲保者は必要ない。どんなキリスト者も自分で正しい教えについて判断できる。キリスト者なら誰でも罪を赦し、福音を宣べ伝えることができる。これは、人間の中の特別の集団だけの仕事ではない。そして誰でもキリスト者なら、原則としてサクラメントを執行できる。すなわち、洗礼を挙行し、聖晩餐を執行できる。ただ秩序を守るために牧師たちが存在するのである。牧師たちはすべてのキリスト者の持っている課題を特別の仕方で行う。すなわち、そのために正規の資格を得、公に召されていることに基づいて権能を行使する。彼らには教会から、福音の説教とサクラメント執行の適切性と継続性を確実に守るべき務めが委ねられる。彼らは聖職者にふさわしい特別の資質を所有してはいないが、それでも確かに特別な召命を持っている。福音を語ることはすべてのキリスト者の使命であり続ける。

第四項　現代の挑戦

一　教会からの挑戦――すべてのキリスト者は福音を宣べ伝える

プロテスタント教会における全信徒の祭司制からは、くり返し力強い刺激が与えられた。しかし同時に教会の「職務」はどうしても必要だった。牧師たちは、説教と牧会のために専門家としての神学的、実践的な教育によって資格があると認められ、務めに携わる時間を教会につぎ込む。とはいえ、教会員が主たる職務者にただ管理を任せるだけになる危険もある。そこでは、あらゆるキリスト者が福音を宣べ伝え、お互いのために共存すべきであるという点がすぐに忘れられてしまう。

ある人が信じているかどうか、またどのように信じているのかということは、人目には隠されている。どれくらい彼が教会生活に参加しているか、あるいはいないかということは、彼の信仰について何も語っていない。神だけがそれをご覧になっている。国民教会の組織構造はこの事情を神学的に顧慮している。国民教会は、教会へのさまざまな参加の形やその度合いが存在することを可能にしており、一人の人間が教会に属するために十分な信仰を持っているかどうかまで判断しない。活気のある参加型の教会を求めるあらゆる努力が、人々を間違った方向に導くことは許されない。つまり、熱心に共に働くような人々だけを正真正銘のキリスト者と見なす間違いである。キリスト者であるためにはただ信仰だけで十分である。そして神のみがこれをご存じなのである。

二　社会からの挑戦――無為にとどまることなく

信仰はキリスト教の中心に立っている。業によってではなく、ただ信仰においてのみ、人間は義に与っている。しかし信仰は非活動的なものにとどまるものではない。それどころか宗教改革者たちは、信仰は非活動的なものにとどまることは決してできないとさえ思っていた。信仰者は義に与った後、引き続いて、感謝と愛から隣人のために行動する。彼自身が体験した良い業を行うためである。信仰は、言わば自ずから良い業を遂行する。したがって、ディアコニア（奉仕）的な行動と社会参加は本質的にキリスト教信仰に属している。まさに宗教批判が社会の中で次第に強まるこの時にこそ、教会は、たとえばプロテスタントの学校やディアコニアの施設において、信仰の持つ生を形成する力を見えるものとし、体験可能なものにすべきである。プロテスタントの学校やディアコニアの施設では、どんな人間も神から授けられた尊厳において認められているのである。

プロテスタントのキリスト者は業なしに、ただ信仰のみによる義認によって特徴づけられている。この信仰は神を神とする。そしてこの信仰が表現されるのは、世界が神の栄光のために神の「良き業」をもって形成されることによってである。タダ神ニノミ栄光アレ(Soli Deo gloria)!

第三章　どのように祝うことができるか

この問いに短く答えるなら、私たちは、とうの昔に過ぎ去った出来事の持つ隔たりを無理に取り除くことはせず、しかも同時に現代にとっての深い意味を無視することもなく、伝統と革新との間の適切なバランスをもって祝うことができるということになる。まず一般論として、記念祭というものの持つ課題が教会と社会における想起の文化〔訳注10〕との関連で主題化されなければならない。その上で初めて、宗教改革を特徴づける歴史的な事例に基づき、二〇一七年の記念祭にとって特別な帰結とは何かを推論し、最後に祝祭プログラムを一瞥することができる。

第一節　記念祭と想起の文化

まず第一に明白にしておかなければならないことは、祝祭は当然のことながら、祝われるべき出来事についての歴史的研究がもたらす最新結果をただ公に紹介することから成り立ちうるものではないということである。これに対応していることであるが、歴史的研究といえども、最良の場合、ただ祝祭の中心に立っている出来事の可能な限り適切なイメージを提示するにすぎない。むしろ記念祭は一つの社会の想起の文化と密接に結びついている。そのことは、特に二〇〇九年のカルヴァン生誕五〇〇年記念祭を顧みれば分かる。それは記念祭の根本的な意図を次のように表現した。「記念祭は過去を回顧することで、親しみの薄れた面を補い、文化的アイデンティティーを新たに伝えるべきである。記念祭を設けることで、同時に新しい想起の文化が成立した。それは伝統的な歴史記述とは明らかに区別されるべきものである。そこでは、アイデンティティーを提供するために、過去の出来事を担った一群の人々がたえず新たに舞台に登場した。歴史‐批評的なテキスト解釈の方法上の基準はとりわけ神話を壊すことにも役立つものであるが、歴史記述がこの解釈基準に従って批判的に選択しつつ行われるとすれば、これに対して想起の文化は、アイデンティティーを確立する神話を築き上げることに関心を向ける傾向が少なからずあった」[44]。この観点のもとで過去の宗教改革記念祭をふり返るなら、少し驚くような結果に出合う。「ルターは何度も違う仕方で祝われた」[45]。ハルトムート・レーマンは、ルター記念祭の詳細な分析の結果、そう断言した。

「ルターを祝う人々は、いつもまず、そして何よりも、自分自身を祝っている」[46]。そのようにルターと自分を一致させる同時代性は、それほど驚くほどのことではない。たとえば最初の記念祭である一六一七年には、新たな教派的信仰告白の自己主張が前面に出て、ルターの九十五箇条の提題の掲示が神学的に偉大な行為として物語られたが、それは今日でもなお十分くり返されうることである。一八一七年には、ルターが一番偉大なドイツ人として抜きんでた地位を持つに至った。この記念祭が国民的統合の祭典として祝われたということも驚くべきことではない。とはいえ、そのような同時代化の物語がいかに問題に満ちたものでありうるかということを示したのは、一九一七年の第一次世界大戦時の記念祭であった。この記念祭は犠牲の精神の宗教的高揚と国民の戦い抜く意志の強化のために機能したのである。

そのような過去からの洞察を前にすれば、二〇一七年に初めて宗教改革についてのあらゆる時代に通用する真理を祝うことを求めることなどできないだろう。むしろ義認論を神学的に記念することは、特に現代の体験や期待との関連の中で、教会内のコンテキストを越えて教会の外にも妥当するような仕方で、実りあるものにされるべきである。教会と社会の改革に与えた宗教改革の衝迫力を歴史的に可能な限り正確に想起することにも、同じようなことが当てはまる。宗教改革の衝迫力は、現代の社会全体のリアリティーにおいてその影響を体験することができるし、教会と世界における将来の形成課題にも刺激を与えうるものであるに違いない。

記念祭は単に過去の形態を再構成するのではなく、現在的な意義を求めることのできる一般的な物語の形式で叙述される。想起の文化とはそのような物語（Erzählungen）である。そのことは同時に、そこで想起される伝統の保存形態とその現実化との結びつき、つまり伝統と革新との結びつきを意味する。一つの共同社会の想起の文化は、歴史的な知識の保存形態の単なる反復的語り以上のもの、あるいは歴史学が明らかにする実際の諸結果の純粋な再現以上のものを提供する。もちろん記念祭は歴史的考証学の反省の最新の状態によって常に方向づけられねばならないし、単に以前の神話を新たに甦らせることは許されない。一六世紀の人間と二一世紀の人間との間にある歴史的ならびに実存的な決定的差異は、簡単に隠しうるものではない。とはいえ、私たちはそのような機会にこそ、過ぎ去ったものをまったく新たな文脈に書き入れる勇気も持たねばならない。そのようにしてだけ、物語られたものは一人ひとりにとって実存的な意味を獲得することができる。そうすれば、先に述べた過去と現在との決定的差異は無視したり隠したりされず、両者の上に解釈学的に賢明な仕方で橋が架けられるであろう。

第二節　宗教改革と自由の歴史――一つの実例

すでに多くの面で思い起こされてきたことであるが、この記念祭を成功させることのできる概念があるとすれば、それは自由の概念である。先述のように、宗教改革的義認論の主要な関心事も、この自由の概念によってうまくその効力を発揮することができる。一六世紀の出来事や義認の教説が形成される過程に対しては、現在との間に歴史的な違いがあるが、そこにはまた相通じる実存的な近さもある。「自由」という概念には、違いと共にこの近さも示されている。ルターは一五二〇年の自由の文書(47)の中で、キリスト者は自由なる主人であると同時に仕える僕であるという有名な二重の表現で、このキリスト教的自由の概念を、義認の出来事を述べるために用いている。このキリスト教的自由の概念は、単純に近代的な自由の理解と難なく同一視できるものではないが、それでもヨーロッパの自由の歴史に対して密接な関係にある。

宗教改革者たちはこの自由の精神と、そこから結果として生じる人間の他の精神性を、聖書の中に、とりわけ使徒パウロの中に見出した。たとえばパウロ文書にはこうある。「主の霊のあるところに自由がある」（第二コリント三・一七）。彼らはこの聖書的な自由の霊を、福音宣教と彼らの宗教改革的な使信の中心に再び押し出した。自由は通りすがりの貧しい人間にも田舎の卑しい下女にも届いている。宗教改革は太陽の下に何か新しいものを造り出したのではなく［コヘレト一・九］、神の子供たちの自由についてのこの使信を新たに先鋭化したのである。そのために新しい「自由の教会（Kirche der Freiheit）」が誕生したのであるが、それは強制されて必然的にそうなったわけではない。宗教改革運動が諸教派やグループに分裂したことも、同様に強制されてのことではない。本質的に重要だったのは、イエス・キリストのただ一つの教会の刷新だった。

　自由を中心に見据えている者は、当然のことながら多様性を奇異には思わないだろう。すでに新約聖書の正典は、ただ単に教会の一体性を基礎づけているばかりでなく、（一体性の中に含まれている神学の多様性の故に）教会や諸教派の多様性も認めている。宗教改革以前のキリスト教の歴史を特徴づけてきたものが、宗教改革以後の歴史をも規定した。すなわち、教会と諸教派の多様性は正当であるということである。教会と諸教派は、特にこの一世紀間、エキュメニカル（教会一致）運動がますます増大する傾向にあって、教会の一体性を再発見してきた。宗教改革の教会は二つの点でこのダイナミックな運動の一部である。それは、聖書と一致しているが故に合法的なキリスト教会の多様性の一部であり、また諸教派の多様性における一つの教会として完全に見える一体性を目指す、聖書に即した運動の一部でもある。

　宗教改革記念祭に際して重要なことは、ほかの祝祭も皆そうであるように、概念や抽象的な見解ではなく、「人間の典型的なあり方を象徴的に示す」凝縮された物語におけるその本質の現前である。重要なことはそれ故、「自由」の概念であるよりも、宗教改革的な自由の理解を力強い物語によって表現することである。さらに言えば、特に重要な記念祭はたった一つの物語によって特徴づけられるものではなく、多くの物語によって特徴づけられている。過去の宗教改革記念祭では、一五一七年の提題の掲示だけが思い起こされたわけではなく、さまざまな強力な物語によって宗教改革の全体像が、そのつどの時代の視点から思い起こされていた。想起がそのように物語へと凝縮されると、「歴史的出来事が今の自分にとって持つ」実存的な意味が特に明らかになる。いずれにせよ、すでに歴史学にとって「歴史的記述と芸術的なフィクションの間、……合理性とファンタジーの間」の稜線は狭いものであり、想起の文化によって「一方でまがいものの想起、センチメンタルな物語、悪魔化へ、他方で無害化と美化へ」と滑落する危険が一層大きくなるものである(48)。

こうした事情を示す特徴的な実例が、先にも触れたように、一五二一年四月一八日、ヴォルムスの帝国議会で皇帝と帝国との前に姿を現したルターの物語である。こうした実際に起きた出来事によって私たちは、近代的自由の歴史にとって宗教改革の持つ意義を特に鮮明に記憶することができるし、そのような想起はすでに伝統にもなっている。長い間ドイツの国民的な想起の文化は、早くから確証されてはいたが歴史的には二次的な伝承とされるものによって特徴づけられてきた。すなわち、宗教改革者ルターは「自説を撤回せよとの強要に対して」次の言葉で彼の弁明を締めくくったというものである。「私はほかのことができません。私はここに立っています。神よ、私をお助けください。アーメン(49)」。この言葉によって宗教改革者は、権威主義的な無理難題の要求に対するプロテスタント的な不屈の精神の実例を、特に想起の文化に提供したのである。そもそもこの出来事をまだ想起する場合があればの話だが、一般の文化的な記憶の中でいつの間にかずいぶん広がってしまった見解がある。それは、ルターは実はヴォルムスでのスピーチを違う言葉で締めくくったと見る方がもっともらしいという見解である。しかし二〇一七年の記念祭との関連での信頼に足る従来のスピーチの終わり方を想起することは、単なる歴史的な独断ではない。むしろそれによって示されることは、ルターが一五二一年に初めて前例のない傑出したやり方で、ヨーロッパ近代にとって非常に重要な、組織的強制に対する個人の良心の自由という主題を見事に実現したということである。ルターは当時こう語った。「良心に逆らって行動することはむずかしいし、災いであり、危ういことなので、私は自説を撤回しませんし、しようとも思いません。神よ、私を助けたまえ！　アーメン(50)」。

けれども一五二一年のルターのスピーチは、一般的な人権という現代的な意味で良心の自由を荘重に宣言したものではない。彼は、引用された弁明の結語のすぐ前のところで「私は神の言葉に捕らえられています」と自ら短く語っているように、彼の良心を知ってはいた。しかしルターは自分の言葉で、この世の権力はまさにこの良心に対して限界を持っているという堅固な確信を表明したのである。彼は良心によって、自分は直接神の前に立たされていることを見て取った。ルターの「我ここに立つという」ヴォルムス登場を歴史的により正確に想起するならば、宗教改革記念祭の枠組みの中で一六世紀になされた一つの決然たる歩みと二一世紀の中心的価値「良心の自由」とを結びつける線を引くことができる。それは一般の人々にも影響をもたらすであろう。ルターのヴォルムス登場は、一般的な良心の自由の基本的価値へと至る、そしてこの基本的価値を保証しうる制度を基礎づけた近代的自由の歴史に属している。換言すれば、民主主義的な法治国家の近代的な憲法形態は、ルターの根本的な神学的確信に合致しているのである。人間の良心は内容いかんにかかわらず、他の人間によって制御されることもできなければ、制御されることも許されない。この洞察の中に、ルターの確信は生き続けている。

後々まで影響を及ぼした宗教改革についての物語は、その大半が新しい自由の体験を主題化している。すなわち、ルターの〔九十五箇条の〕提題の掲示、ヴォルムスにおける皇帝と帝国の前でのルターの勇気ある返答、カタリーナ・フォン・ボラとのルターの結婚、またあらゆる人間から認められたメランヒトンの教育能力、レント（受難節）にソーセージを食べることにツヴィングリが荷担したこと〔訳注11〕、カルヴァンの社会を形成する意志、その他、もっと数多くのものがある。何世紀にもわたって魅了してきた宗教改革についてのこれらの凝縮された物語の数々は、勇気と新しい出発、自己意識誕生の物語である。加えて、今日でも讃美歌集に見出せる宗教改革期の讃美歌や詩編歌の相当数のものが、すべての不安に対するこの喜ばしい確信を映し出している。

もちろんいくつかの凝縮された物語、その時代の讃美歌や詩編歌、印象深い絵による宣伝活動(51)だけが、宗教改革の現代的意義を想起させうる唯一のものではないので、二〇一七年の記念祭を準備するために宗教改革一〇か年計画委員会が招集され、多くの組織団体が参加して祭典の手はずが整えられてきた。この一〇か年委員会ではとりわけ教育、音楽、寛容と政治、あるいは画像と聖書といったいくつかの主題となる分野が想起の対象にされている。それ故――過去の記念祭とはずいぶん違う点であるが――宗教改革の思想をもって二〇一七年に想起されるべきものは、宗教改革的主題に関わるかなり広い領域なのである。古典的な凝縮された物語（たとえば〔九十五箇条の〕提題の掲示やルターのヴォルムス登場など）と並んで、たくさんのもっと幅広い「決然たる歩み」についての凝縮された物語を語るために、余地はなお十分残されている。我ここに立つというような「決然たる歩み」は、現代のマスコミュニケーションの条件のもとで無関心であるような人間たちをも、宗教改革の根本的関心事について関心を向けさせることができる。

第三節　祝うことのさまざまな次元――脱出から旅立ちへ

ルターは一五二一年、辛い胃腸障害と実存的な不安に苦しめられながら、ヴォルムスへと旅立った。彼は不安に打ち勝ち、皇帝と帝国の前で自説を主張した。伝統的な想起の文化に由来するこの実例の物語は、プロテスタンティズムを特徴づけるものである。宗教改革のこの中心的な物語を、私たちは二一世紀に改めて不安からの脱出として語り継ぐことができる。それは力強い実例の物語に基づいてのことである。この不安からの脱出は、聖霊によって与えられる神による解放に基づいており、やがて責任的なこの世への旅立ちへと至る。私たちはこれまで、誰にでも身近な愛、承認、評価、赦し、自由という一般的な日常経験を用いて宗教改革を想起したが、この三段階の歩みは、その現代的意義をもう一度一つに束ねて総括している。それ故、キリスト教から離れている者も、少なくとも宗教改革的自由の体験の持つさまざまな面を追体験でき、場合によっては宗教改革の実存的理解を得られることとさえ起こりうるだろう。いずれにしてもキリスト者は、イエス・キリストにおける憐れみ深い神との関係なしには決定的なことが欠けており、多岐にわたる不安からの本当の解放もうまくは行かないことを確信している。その意味で記念祭は、もしそれがキリストの祝祭として祝われるならば、宗教改革的なキリスト教にとって大いに伝道的な機会を提供するものである。

その一方で私たちは、宗教改革的な自由についての物語全体が、過去五〇〇年を経る間に教会の壁の外でも自明のものとなったことを、常に自覚してもよいだろう。宗教改革は、すでに挙げた実例で明らかになったように、近代的な自由の歴史に特別に参与している。個々の点では文字通りの意味でこの自由の歴史の一部分ではなかったとしても、宗教改革は事実この歴史に参与している。宗教改革と近代的自由の歴史のこの結びつきは、記念祭がただ教会の祝祭にとどまらず、社会全体の、それ故世俗化した国家の祝祭ともなるべきだという主張の根本的な理由である。宗教改革的な特徴をもった教会は、宗教改革の宗教的ならびに神学的な洞察とその結果現れた影響を思い起こすことができるが、国家と市民社会は、そのような一般的で今日もなお影響を及ぼしている宗教改革の衝迫力を思い起こすことができる。

マルティン・ルターが一五一七年に免罪符に反対して提題を公表した時、彼はそれによってただ学問的な専門家たちだけに関わる問題を表明したわけではないことを自覚していた。まもなく全世界が、議論の渦中に巻き込まれていることを感じ取った。もちろん歴史はくり返さない。しかしおそらく、五〇〇年後の今日記念祭を祝うことにおいて成功するものがあるとすれば、それは、単に若干の目を見張るような、反響の大きい派手なアクションを行うことではなく、宗教改革の主要な関心事について内容のある熱い議論を巻き起こせるかどうかであろう。しかしいずれにせよ、間近に迫る二〇一七年一〇月に起こると考えられる出来事を予想すれば、明らかに多くの人の目に触れる「イベント」や良い意味での「行事化」を恐れる必要はない。その上さらに、グローバル化した世界とそれによる国際的な次元は、過去の世紀ごとの祝祭とは異なり、この記念祭をこれまでとはまったく異なる光の中に置くことだろう。ある程度までにすぎないが、それによって私たちは、ここで想起されるべき出来事に対して公正な態度を取ることができるだろう。

第四章　結び

宗教改革では神と人間との関係が中心的な問題であり、そのことによって常に現実的な問い、人間は自分自身をどう理解すべきなのかという問いが問題となった。自明なことであるが、この関係の単なる精神的な変革が考えられていたのではない。ウルリッヒ・ツヴィングリの文章が明らかにしている通りである。「私はこの『宗教』という言葉で、キリスト者の敬虔の全体を理解している。すなわち信仰、生き方、戒め、礼拝紀律、サクラメントである(52)」。キリストを中心に据えること（solus Christus）、恵み深い神の再発見（sola gratia）、神から贈り与えられる信仰の根本的な意義（sola fide）、それがただ口で語られる言葉によって与えられること（solo verbo）、聖書への集中（sola scriptura）という形態ではあったが、神学や教会に限定されないことがすぐに判明した広範囲のパラダイム・シフト（理論的枠組みの交替）が導入されたのである。神学的にえり抜かれた一部の人々に始まるこのパラダイム・シフトは、社会の広い層のメンタリティーを転換させるに至った。それは私たち自身の社会ばかりでなく、同様に他の多くの社会の［良心の自由を定めた］憲法秩序や生活の現実を深いところで特徴づけているメンタリティーである。

そのように見るならば、宗教改革記念祭二〇一七は、私たちの社会でますます進展する社会的合意［良心の自由］を表現する根本的確信という背景から描かれるだろう。増大する複数の多元的宗教を持つ国家にあって、平和、人権、そして相互の尊重を互いに遵守するために、この根本的確信を想起することがくり返し必要になる。宗教改革記念祭は、そのような市民宗教的な目的のためにも奉仕することが許される。とはいえ言うまでもなく、宗教改革の想起はその点に尽きるものではない。宗教改革の教会が宗教改革記念祭をもって現代の議論の中に持ち込むものは、以下の想起である。すなわち、多元的で民主的な法治国家の土台となる自由は、人間自身の中に最終的な根拠を見出すものではない。もし人間が自分自身から彼自身の尊厳やそれに基づく自由の根拠を要求するとすれば、評価は常にただ外から与えられうるものだということを彼は誤認していることになる。神における、また神による自由の使信は、自分の労苦によって、あるいは社会的身分や成功によって自ら承認と尊厳を勝ち取るというあらゆる強制的な努力からも切り離されている。尊厳と承認がそのような自分の行為に依拠することは不可能である。なぜなら、尊厳と承認の土台になっているのは、日常生活においても、自分で牛耳ることのままならない愛だからである。愛が体験されるところでは、それはいつもただ贈り物であることができるだけである。

　そのように理解するなら、宗教改革記念祭二〇一七は、それを祝うことで教会の中で、しかしまた社会全体においても、自由についての本質的な洞察を想起し、それを生き生きと持ち続け、同時にまた強化し刷新することのできる機会である。こうして全世界にいるプロテスタントのキリスト者も、二〇一七年に義認に根拠づけられた自由についての使信をキリストの祝祭として祝うことができる。彼らはこの祝祭を、ローマ・カトリック教会の、そして東方正教会の信仰の兄弟姉妹たちと一緒に祝う。争いと分裂を越えて、皆お互いにイエス・キリストの福音の中に共通の土台を認識し承認することのできる、長いエキュメニカルな対話に基づく確信をもって祝う。そしてプロテスタントのキリスト者はこの祝祭を、現代の世俗的な法治国家や異なる宗教や世界観を持った市民たちとの、友好的な対話と心からの相互理解をもって祝う。私たちはこの記念祭を、宗教改革的な自由の使信こそが他ならないこの法治国家の成立に寄与したのだという喜ばしい自覚をもって祝うのである。

原注

第一章

（1）「宗教改革記念祭二〇一七への展望」（ルター一〇か年計画神学委員会テーゼ）の第一命題参照。http://www.luther2017.de/sites/default/files/downloads/perspektiven-luther-dekade.pdf [07.01.2014]

（2）Joseph Ratzinger, Zum Fortgang der Ökumene, Theologische Quartalschrift 166 (1986), S.243-248, Zitat S.246.〔訳注　聖パウロの「ねばならない」とは、「たしかに、あなたがたの中でほんとうの者が明らかにされるためには、分派もなければなるまい」（第一コリント一一・一九、口語訳）を指すと思われる。〕

（3）この点について詳しくは、Christoph Schwöbel, »Unterschiedliche Konstruktionsprinzipien« – Problem und Lösungsansatz im ökumenischen Dialog, in: Reformation erinnern. Eine theologische Vertiefung im Horizont der Ökumene, hg. v. Martin Heimbucher im Auftrag der UEK; Neukirchen-Vluyn 2013, S.108-135.

（4）ルターの神学的な洞察は、彼の回顧録と関連づけてみると、一つの実存的な問いへの答えとして描くことができるだろう（参考までに一つだけ文献を挙げておく。Von der heiligen Taufe, Predigten 1535, Weimarer Ausgabe［WA］37, S.661, 23f.）。それは「恵みの神」への有名な問いである。もちろん、ルターのその後の展開全体までをすべてこの問いだけに要約したのは、後の敬虔主義の産物である（Martin Schmidt, Der Pietismus und das moderne Denken, in: Pietismus und moderne Welt, hg. v. Kurt Aland, Witten 1974,［S.9-74］S.9）。

（5）Martin Luther, An den christlichen Adel deutscher Nation（1520）, WA 6, S.408, 11f. この宗教改革時代のテキストの引用は、注意深く現代語の用法に近いものにした。［「キリスト教界の改善に関してドイツのキリスト者貴族に宛てて」『ルター著作選集』ルター研究所編、教文館、二〇〇五年、一七九―八〇頁参照。］

第二章

（6）Johannes Calvin, Unterricht in der christlichen Religion, Institutio Christianae Religionis, nach der letzten Ausgabe übersetzt und bearbeitet von Otto Weber, im Auftrag des Reformierten Bundes bearbeitet und neu herausgegeben von Matthias Freudenberg, Neukirchen-Vluyn 2008, III, 11, 1, S.396f.［『キリスト教綱要　改訳版』渡辺信夫訳、新教出版社、二〇〇八年の邦訳とは少し異なる。ドイツ語訳を生かすためO.

Weber & M. Freudenberg 版に従った。]

(7) Formula Concordiae. Solida Declaratio III, in: Die Bekenntnisschriften der evangelisch-lutherischen Kirche (BSLK), herausgegeben im Gedenkjahr der Augsburger Konfession 1930, Göttingen [11]1992, 927, 26-30: ex mera gratia, propter solum Christi meritum…et sola fide… 一致信条以前の定式化はティレマン・ヘシュジウス(Tilemann Heshusius)[1527-1588]の Explicatio Prioris Epistolae Pauli ad Corinthios, Jena 1573, 135v-136r に見られる。Sola enim gratia Dei, solum meritum Iesu Christi, & sola fides necessaria est ad salutem. Johann Anselm Steiger, Hamburg の指摘による。http://reader.digitale-sammlungen.de/de/fs1/object/display/bsb11116437-00005.html [07.01.2014] ウェブ・サイト参照。

(8) Johannes Calvin, Unterricht in der christlichen Religion, a.a.O., II, 16, 19. 注6に準じる。

(9)『ハイデルベルク信仰問答』第一問。

(10) Ulrich Zwingli, Kommentar über die wahre und falsche Religion, in: ders., Schriften, herausgegeben von Thomas Brunnschweiler und Samuel Lutz, Bd.III, Zürich 1995, S.58.

(11) Martin Luther, Der große Katechismus, in: BSLK, S.660, 42. [M・ルター「大教理問答」『一致信条書』信条集専門委員会、聖文舎、一九八二年、六二一頁参照。]

(12) Martin Luther, Disputatio pro declaratione virtutis indulgentiarum/Disptation zur

Klärung der Kraft der Ablässe［95 Thesen］, WA 1, S.235, 9–11. zweisprachig in: ders., Lateinisch–Deutsche Studienausgabe, herausgegeben und eingeleitet von Johannes Schilling, Bd. 2, Leipzig 2006, S.6f.［These 37］.［「贖宥の効力を明らかにするための討論」『ルター著作選集』注5前掲書一四頁参照。］

（13）Johannes Calvin, Unterricht in der christlichen Religion, a.a.O., I, 12, 1. 注6に準じる。

（14）Martin Luther, Disputation zur Klärung der Kraft der Ablässe［95 Thesen］, WA 1, S.236, 20f. = Lateinisch–Deutsche Studienausgabe, Bd. 2, S.10f.［These 62］. 注12前掲書一八頁参照。

（15）Confessio Augustana, Art. 21, in: BSLK, S.83b–83c.［「アウグスブルク信仰告白」『一致信条書』注11前掲書五九頁参照。］

（16）『ハイデルベルク信仰問答』第一一問。

（17）Martin Luther, Disputatio Heidelbergae habita（1518）/Heidelberger Disputation, WA 1, S.354, 35f.; zweisprachig auch in: ders., Lateinisch–Deutsche Studienausgabe, herausgegeben und eingeleitet von Wilfried Härle, Bd.1, Leipzig 2006, S.60f.［Conclusio XXVIII］.［「ハイデルベルクにおける討論」『ルター著作選集』注5前掲書三一頁参照。］

（18）Johannes Calvin, Unterricht in der christlichen Religion, a.a.O., III, 14, 5. 注6に準じる。

（19）Martin Luther, Der kleine Katechismus, in: BSLK, S.510, 29–S.511, 5.［「小教理問答」

『一致信条書』注11前掲書四九一頁参照。]

(20) Martin Luther, Vom Abendmahl Christi. Bekenntnis (1528), in: WA 26, S.504, 4–8. [「キリストの聖餐について」『ルター著作集第一集第八巻』三浦義和訳、聖文舎、一九七一年、三二五頁参照。]

(21) Martin Luther, Disputatio contra Scholasticam Theologiam (1517)/Disputation gegen die scholastische Theologie, WA I, S.226, 3f. [「スコラ神学を論駁する討論」『ルター神学討論集』金子晴勇訳、教文館、二〇一〇年、五七頁参照。]

(22) Martin Luther, Scholion zu Römer 5,4, WA 56, S.304, 25–29. [『ルター著作集第二集第九巻　ローマ書講義下』徳善義和訳、リトン、二〇〇五年、五四頁参照。]

(23) Perspektiven für das Reformationsjubiläum 2017 [Thesen des Wissenschaftlichen Beirates der Lutherdekade], These 8. http://www.luther2017.de/sites/default/files/downloads/perspektiven-lutherdekade.pdf [07.01.2014]

(24) 『ハイデルベルク信仰問答』第五二問。

(25) Confessio Helvetica Posterior (Zweites helvetisches Bekenntnis) I, 1, Reformierte Bekenntnisschriften Bd. 2/2 1562–1569, bearb. v. Mihály Bucsay†, Emidio Campi u.a., Neukirchen-Vluyn 2009, 273, 28–274, 1 = Reformierte Bekenntnisschriften, a.a.O., S.192. [「第二スイス信仰告白」『宗教改革著作集第一四巻』渡辺信夫訳、教文館、一九九四年、

三七六頁参照。]

(26) Philipp Melanchton, Apologia Confessionis Augustanae, übersetzt und herausgegeben von Horst Georg Pöhlmann, Gütersloh 1967, in: BSLK, S.219-43-45. [「アウグスブルク信仰告白弁証」『一致信条書』注11前掲書三一〇頁参照。]

(27) Confessio Augustana, BSLK, S.61, 4-7. [「アウグスブルク信仰告白」『一致信条書』注11前掲書三八頁参照。]

(28) Ulrich Zwingli, Christliche Antwort Burgermeisters und Rats zu Zürich an Bischof Hugo, in: ders.: Sämtliche Werke, herausgegeben von Emil Egli, Georg Finsler, Walther Köhler, Bd.III, Leipzig 1914, S.223, 6f.

(29) Philipp Melanchton, Loci Communes 1521, Lateinisch-Deutsch, übersetzt und mit kommentierenden Anmerkungen versehen von Horst Georg Pöhlmann, herausgegeben vom Lutherischen Kirchenamt der Vereinigten Evangelische-Lutherischen Kirche Deutschlands, Gühtersloh ^{2}1997, S.137. [「神学要綱あるいは神学の基礎概念」『宗教改革著作集第四巻』伊藤勝啓訳、教文館、二〇〇三年、二三一頁参照。]

(30) Johannes Calvin, Unterricht in der christlichen Religion, a.a.O., I, 6, 2. 注6に準じる。

(31) Johannes Calvin, Unterricht in der christlichen Religion, a.a.O., I, 7, 2. 注6に準じる。

(32) Vgl. Martin Luther, Assertio omnium articulorum Martini Lutheri per Bullam Leonis

X. novissimam damnatorum, 1520/ Wahrheitsbekräftigung aller Artikel Martin Luthers, die von der jüngsten Bulle Leos X. verdammt worden sind, WA 7, S.97, 23（sui ipsius interpres）, auch in: ders., Lateinisch-Deutsche Studienausgabe, Bd.1, a.a.O., S.80f.

（33）Martin Luther, Kirchenpostille 1522, in: WA 10/I/1, S.193, 13.

（34）Martin Luther, Ein Sendbrief vom Dolmetschen 1530, in: WA 30/II, S.637, 19–22.［「翻訳についての手紙」『ルター著作集第一集第九巻』笠利尚訳、聖文舎、一九七三年、三四六頁参照。］

（35）Martin Luther, Wider die himmlischen Propheten, von den Bildern und Sakrament, 1525, in: WA 18, S.69, 9–11.［「天来の預言者らを駁す」『ルター著作集第一集第六巻』石本岩根訳、聖文舎、一九六三年、六三頁参照。］

（36）Martin Luther, Vorrede zur Deutschen Bibel, WA. DB 7, S.404, 13f.

（37）Martin Luther, Schmalkaldische Artikel, in: BSLK, S.453, 17–S.454, 3.［「シュマルカルド条項」『ルター著作集第一集第一〇巻』石居正己訳、聖文舎、一九八〇年、二四四頁参照。］

（38）Schrift – Bekenntnis – Kirche. Ergebnis eines Lehrgesprächs der Gemeinschaft Evangelischer Kirchen in Europa, hg. v. Michael Bünker, Leuenberger Texte 14, Leipzig 2013, S.33.

(39) Schrift - Bekenntnis - Kirche, a.a.O., S.21.
(40) Martin Luther, Kirchenpostille, in: WA 10/I/1, S.130, 14-18.
(41) Martin Luther, Vorrede auf den Römerbrief 1522, WA. DB 7, S.10, 19f.［「聖パウロのローマの信徒への序文」『宗教改革著作集第四巻』徳善義和監訳、教文館、二〇〇三年、一一八頁参照。］
(42) Martin Luther, An den christlichen Adel deutscher Nation von des christlichen Standes Besserung, WA 6, S.407, 10-23.［『ルター著作選集』注5前掲書一七八頁参照。］

第三章

(43) Aleida Assmann, Der lange Schatten der Vergangenheit. Erinnerungskultur und Geschichtspolitik, München 2006.
(44) Jonannes Hund, Erinnern und feiern. Das Calvin-Jubiläum im Kontext moderner Erinnerungskultur, in: Kirchengeschichte. Calvin-Jubiläum 2009, hg. v. Heinrich Assel, Verkündigung und Forschung 57, 2012, (S.4-17) S.4f.
(45) Hartmut Lehmann, Luthergedächtnis 1817 bis 2017, Refo500. Academic Studies 8, Göttingen 2012, S.10.
(46) Lehmann, Luthergedächitnis 1817 bis 2017, Göttingen 2012, S.11.

(47) Martin Luther, Von der Freiheit eines Christenmenschen, WA 7, S.21, 1–4.［「キリスト者の自由について」『ルター著作選集』注5前掲書二六七―二九六頁参照。］

(48) Michael Baum, Wem gehört die Geschichte? Erinnerungskultur in Literatur und Film, Münster 2012, 21; vgl. auch Paul Münch, Einleitung. Geschichte und Erinnerung, in: Jubiläum…Zur Geschichte öffentlicher und privater Erinnerung, hg. v. Paul Münch, Essen 2005,（S.7–25）S.10.

(49) Karl Müller, Luthers Schlußworte in Worms, Philothesia, P. Kleinert zum LXX. Geburtstag, dargebracht von Adolf Harnack u.a., Berlin 1907, S.269–289 sowie jetzt Hainz Schilling, Martin Luther. Rebell in einer Zeit des Umbruchs, München 2012, S.222f.

(50) Deutsche Reichstagsakten unter Kaiser Karl V., Jüngere Reihe, Bd.2: Der Reichstag zu Worms 1521, hg. v. Adolf Wrede, Göttingen 1962（=Gotha 1896）, Nr.79f., S.581f. bzw. WA 7, S.838, 3–8.

(51) 一つだけ例に挙げれば、表表紙の絵〔ルーカス・クラナッハ（父）によるヴィッテンベルク・聖マリア市教会の主祭壇の飾り台（一五四七年）。ルターは、口で説教される神の言葉によって、十字架につけられた方を会衆の目の前に描き出している〕のようにルターは御言葉においてのみ（solo verbo）について、その表象を絵によって置き換えている。

(52) Ulrich Zwingli, Kommentar über die wahre und falsche Religion, in: ders., Schriften, herausgegeben von Thomas Brunnschweiler und Samuel Lutz, Bd.III, Zürich 1995, S.52f.

訳注

第一版序文

〔1〕本書後半の「想起の文化」をめぐる議論および訳注10を参照。

第一章

〔2〕カタリーナ・ツェル（Katharina Zell）一四七七―一五四八年。シュトラスブールの宗教改革者マテウス（Mattäus）・ツェルの妻。破門宣言に対して夫と共に抗弁書を出版。貧困者の救護にも取り組む。文才に恵まれていたため、迫害の中にある人々に多くの慰めの手紙を送り、「教会の母」と呼ばれた。

〔3〕アルグラ・フォン・グルムバッハ（Argula von Grumbach）一四九〇頃―一五五四年。バイエルン大公妃の侍女であったが、やがてルターの宗教改革の強力な支持者となる。驚くべき聖書の知識を身につけ、訴追された同志を匿《かくま》って、夫のフリードリッヒ・フォン・グルムバッハと共に福音のために闘った。

〔4〕現在ここにはルターが破門状を焼き払ったことを記念して、大きな「ルターの樫の木

（Luthereiche）」が植えられている。

〔5〕原著のマルティン・ブルシッヒ（Martin Brussig）はトーマス・ブルシッヒ（Thomas Brussig）の間違い（確認済み）。ベルリン生まれの小説家でシナリオ作家。代表作に„Helden wie wir"（1995）、„Am kürzesten Ende der Sonnenallee"（1999）などがある。

〔6〕第一条第一項は、「人間の尊厳は不可侵である。人間の尊厳を重んじ、守ることは全ての国家権力の義務である」となっている。この文言には、戦時中のナチスによるホロコースト（ユダヤ人大虐殺）への反省が込められている。また第三項では性別、人種、言語、出身、信仰、政治思想などによる差別が禁止されている。

〔7〕ケーニッヒスベルクは東プロイセンの中心都市で、現在はロシア連邦のカリーニングラード。そこにプロテスタントのギムナジウムが建てられ、メランヒトンの義理の息子が初代校長を務めた。大学になってからは一八世紀に啓蒙思想が花開き、「ケーニヒスベルクの世紀」と呼ばれた。哲学者ヨハン・ゲオルク・ハーマンやヨハン・ゴットフリート・ヘルダーなどが学んだ。哲学者イマヌエル・カントも一七八六年から二年間学長を務めた。ヴァイマル古典主義やドイツのロマン主義運動の基礎となる。またホラツのラテン名はクイントゥス・ホラティウス・フラックス（Quintus Horatius Flaccus）。紀元前六五―前八年にローマで活躍したラテン文学黄金期の詩人で、ウェルギリウスと並んで有名。

第二章

〔8〕「罪を犯す（sündigen）」は日常会話では「健康に悪いことをする」というほどの軽い意味で用いられる。

〔9〕「中に、共に、そして下で」という言い方は、聖餐のパンとぶどう酒におけるキリストの現臨を言い表す時のルター派特有の言い回しである。

第三章

〔10〕ここに言う「想起の文化（Erinnerungskultur）」とは、近年ドイツで提唱され試みられている考え方である。一つの共同社会は共有する過去を想起することで文化的アイデンティティーを得る。しかしそこには批判的に継承しなければならないものもある。たとえば、ナチス時代の負の遺産を、同じ文化共同体（民族・国家）に属してはいるが、実際には立ち会ったことのない世代がどう継承してゆくべきなのかが問われる。負の遺産を想起せずに過去を栄光化することは、未来に対して不誠実であり、同じ過ちをくり返すことになりかねない。未来へと向けて想起を担い続ける文化的風土の形成が課題となる。代表的な唱道者としてAleida AssmannやMathias Berekなどがいる。

〔11〕ツヴィングリ自身はソーセージを食べてはいないが、仲間の象徴的行為を説教によって是認し、後押しした。

入門的な参考文献

Beutel, Albrecht (Hg.): Luther–Handbuch, Tübingen ^{2}2010.

Bickle, Peter: Die Reformation im Reich, Stuttgart ^{3}2000.

Bosse–Huber, Petra / Fornerod, Serge / Grundlach, Thies / Locher, Gottfried Wilhelm (Hgg.): 500 Jahr Reformation: Bedeutung und Herausforderungen, Leipyig / Zürich 2014.

Dingel, Irene / Leppin, Volker (Hgg.): Das Reformatorenlexikon, Darmstadt 2014.

Ebeling, Gerhard: Luther. Einführung in sein Denken. Mit einem Nachwort von Albrecht Beutel, Tübingen ^{5}2006.

Gäbler, Ulrich: Huldrych Zwingli. Eine Einführung in sein Leben und Werk. Nachwort und Literaturnachtrag von Martin Sallmann, Zürich ^{3}2004.

Greschat, Katharina / Holze, Heinrich: Ratlos vor dem Reformationsjubiläum 2017?, Berliner Theologische Zeitschrift 28 (2011), S.9–13.

Hamm, Berdt / Welker, Michael: Die Reformation: Potentiale der Freiheit, Tübingen 2008.

Hirzel, Martin Ernst / Sallmann, Martin (Hgg.): 1509 – Johannes Calvin – 2009. Sein Wirken in Kirche und Gesellschaft. Essays zum 500. Geburtstag, Zürich 2008.

Jung, Martin H.: Reformation und Konfessionelles Zeitalter (1517–1648), Göttingen 2012.

Jüngel, Eberhard: Das Evangelium von der Rechtfertigung des Gottlosen als Zentrum des christlichen Glaubens, Tübingen 1998, [3]1999.

Käßmann, Margot (Hg.): Schlag nach bei Luther. Text für den Alltag, Frankfurt am Main 2012.

Kaufmann, Thomas: Der Anfang der Reformation. Studien zur Kontextualität der Theologie, Publizistik und Inszenierung Luthers und der reformatorischen Bewegung, Tübingen 2012.

Kaufmann, Thomas: Reformation, Göttingen 1998.

Kaufmann, Thomas: Geschichte der Reformation, Frankfurt am Main [2]2010.

Kirchenamt der Evangelischen Kirchen in Deutschland (EKD)(Hg.): Perspektiven 2017 – Ein Lesebuch, Hannover 2013.

Körtner, Ulrich H.J.: Reformatorische Theologie im 21. Jahrfundert, Zürich 2010 (Theologische Studien Neue Folge Band 1).

Kunter, Katharina: 500 Jahre Protestantismus. Eine Reise von den Anfängen bis in die Gegenwart, Gütersloh 2011.

Lehmann, Hartmut: Luthergedächtnis 1817 – 2017, Göttingen 2012.

Leppin, Volker / Sattler, Dorothea (Hgg.): Reformation 1517 – 2017. Ökumenische Perspektiven, Freiburg / Göttingen 2014 (Dialog der Kirchen 16).

Leppin, Volker / Schneider-Ludorff, Gury (Hgg.): Das Luther-Lexikon, Regensburg 2014.

Leppin, Volker: Martin Luther, Darmstadt ^{2}2010.

Leppin, Volker: Die Reformation, Darmstadt 2013.

Moeller, Bernd: Deutschland im Zeitalter der Reformation, Göttingen 1977, ^{4}1999.

Pesch, Otto Hermann: Hinführung zu Luther, Mainz ^{3}2004.

Rublack, Ulinka: Die Reformation in Europa, Frankfurt um Main 2003.

Schilling, Heinz: Martin Luther: Rebell in einer Zeit des Umbruchs, München 2012.

Schorn-Schütte, Luise: Die Reformation: Vorgeschichte, Verlauf, Wirkung, München 2011.

Strohm, Christoph: Johannes Calvin. Leben und Werk des Reformators, München 2009.

Vainio, Olli-Pekka: Engaging Luther. A (New) Theological Assessment, Eugene 2010. Vom

Konflikt zur Gemeinschaft.

Gemeinsames lutherisch-katholisches Reformationsgedanken im Jahr 2017. Bericht der Lutherisch/Römisch-katholischen Kommission für die Einheit, Leipzig 2013.

Wendebourg, Dorothea: Die Reformationsjubiliäen des 19. Jahrhunderts, Zeitschrift für Theologie und Kirche 108 (2011), S.270-335.

Wendebourg, Dorothea: Das Reformationsjubiläum von 1921, Zeitschrift für Theologie und Kirche 110 (2013), S.316-361.

リンク先

www.luther2017.de

www.impuls-reformation.de

www.denkwege-zu-luther.de

www.ekd.de

委員会構成メンバー

- ドロテア・デネケ・シュトール（Dr. Dorothea *Deneke-Stoll*）、インゴールシュタット
- タベア・デルカー（Tabea *Dölker*）、ホルツゲリンゲン
- キルステン・フェールス監督（Bischöfin Kirsten *Fehrs*）、ハンブルク・リューベック
- イェンス・グルンドラッハ（Dr. Jens *Gundlach*）、ハノーバー
- ティース・グルンドラッハ副議長（Vizepräsident Dr. Thies *Grundlach*）、ハノーバー（二〇一三年七月から二〇一二月まで主任［Geschäftsführung］）
- マルティン・ハウガー常議員（KR Dr. Martin *Hauger*）、ハノーバー（二〇一四年一月から主任［Geschäftsführung］）
- マルティン・ヒルツェル（Dr. Martin *Hirzel*）、ベルン（二〇一三年三月から）
- マルゴット・ケースマン（Prof. Dr. Dr. h. c. Margot *Käßmann*）、ベルリン
- アンネ・ケーファー常任常議員、私講師（OKR PD Dr. Anne *Käfer*）、ベルリン（二〇一三年七月まで主任［Geschäftsführung］）

・ウルリッヒ・カスパリック牧師（Pfarrer Ulrich *Kasparick*）、ヘッツドルフ（ウッカーランド）
・プレセス・アネッテ・クアシュース（Präses Annette *Kurschus*）、ビーレフェルト
・ロークス・レオンハルト教授（Prof. Dr. Rochus *Leonhardt*）、ライプツィッヒ
・フォルカー・レッピン教授（Prof. Dr. Volker *Leppin*）、テューービンゲン
・ゴットフリート・ロッヒャー（Dr. Gottfried W. *Locher*）、ベルン（二〇一三年三月まで）
・クリストフ・マルクシース教授（Prof. Dr. Dres. h. c. Christoph *Markschies*）、ベルリン（ドイツ福音主義教会常議員会議長［Vorsitzender］）
・ウヴェ・ミケルソン（Uwe *Michelsen*）、ハンブルク
・クリストフ・ゼーレ常任常議員（OKR Christoph *Seele*）、ドレスデン
・クリスティアーネ・ティーツ教授（Prof. Dr. Christiane *Tietz*）、チューリッヒ
・ヨハネス・ヴァイス教授（Prof. Dr. Johannes *Weiß*）、エアフルト

訳者あとがき

本書は“Rechtfertigung und Freiheit. 500 Jahre Reformation 2017. Ein Grundlagentext des Rates der Evangelischen Kirche in Deutschland (EKD)”, Gütersloher Verlaghaus, Gütersloh（2014）4.Aufl., 2015 の翻訳である。ドイツ福音主義教会は二〇一七年一〇月三一日の宗教改革記念五〇〇年祭に向けてさまざまな準備を行ってきた。その一つが二〇〇七年に始まるルター一〇か年計画委員会のプロジェクトであったが、その流れの中で本書が出版された。二〇一四年に初版が出てすぐ一年後に四版を数えている。宗教改革の中心教理である義認論を現代の文脈の中で捉え直そうとしているが、その際、ただそれを信仰（神学）的な関心事に限定するのではなく、近代的自由の成立に果たした意義という観点から、教会の壁を乗り越えてその歴史的意義を広く理解しようとしている。少し言い添えれば、近代的自由が十全の意味で開花したのは、後の改革派、特にピューリタニズムの登場によってである。とはいえ、その源流がルターの自由論にあることは疑いえない。また本書ではルターだけでなく、メランヒトン、ツヴィングリ、カルヴァンといった他の宗教改革者たちのことも念頭に置かれており、引用も多岐にわたっている。義認論の特徴を描くにあたって、「～のみ」という五つのスローガンが手がかりとして用いられているが、その場合にも、近年のエキュメニカルな動きを背景に積み重ねられてきたローマ・カトリック教会との対話や、ごく最近のドイツでの移民の状況を踏まえて、イスラム教をはじめとする宗教間対話も念頭に置かれ、決して「～のみ」が一面的な排他性を意味するものでないことが強調されている。

二〇一六年夏にエムデンで開かれた改革派神学の学会に出席した。ミュンスター大学神学部教授を退官した旧知で同い年のM・バイントカー氏が主催者の一人であり、またヨハネス・ア・ラスコー図書館が会場になると聞いたので、夏休みを利用して参加した。そこで目にしたものは、名だたる改革派神学者たちが学生たちと一緒に、熱心にルターのテキストに取り組む姿であった。そして一般によく読まれていると紹介されたのが本書である。宗教改革五〇〇年を祝う基本的な方向づけを提示し、議論の共通基盤を整える意味で、ドイツ福音主義教会の基調文書という位置づけがなされている。特に記念祭の持ち方として、一つの共同社会が良き文化的伝統を継承すると共に、どのように歴史の負の遺産と向き合うかを問うことが課題となる。「想起の文化」と呼ばれるこの最新の歴史学の議論が取り入れられているのも本書の特徴である。

引用は邦訳のあるものに限り参照したが、原文にラテン語やフランス語のドイツ語訳が用いられている場合、邦訳とは多少異なることがある。引用者の意図が生かされるように、本文の流れを反映させてすべて訳し直している。また私たちの社会は、宗教改革の歴史が文化的遺産になっているドイツとは事情を異にするので、日本の読者が読みやすいように所々言葉を補って訳している。本書出版に当たり、教文館社長の渡部満氏、編集実務の高木誠一氏にお世話になった。記して感謝したい。

本書の主張は義認と自由という表題に集約されている。義認と自由は本質的な関係にある。自由の意識を生み出さない義認の説教は空虚であるが、神による義認のない自由の意識は偽りである。ルターに始まる宗教改革は、ルター派教会のものでもドイツ国民のものでもない。プロテスタント教会のものでもキリスト教のものでもない。その意義は全世界史的である。本書の翻訳がそのことの一端を知るための一助となれば幸いである。

二〇一七年　三鷹の森の寓居にて

《訳者紹介》
芳賀 力（はが・つとむ）
1952年、神奈川県生まれ。1979年、東京神学大学大学院修了。1983年、ドイツ・ハイデルベルク大学神学部留学。1987年、同大学より神学博士号取得。現在、東京神学大学教授（組織神学）。2013年４月－2017年３月、同大学学長。
著書　『自然、歴史そして神義論』（日本基督教団出版局、1991年）、『救済の物語』（日本基督教団出版局、1997年）、『物語る教会の神学』（教文館、2001年）、『大いなる物語の始まり』（教文館、2001年）、『使徒的共同体』（教文館、2004年）、『洗礼から聖餐へ』（キリスト新聞社、2006年）、『歴史と伝承』（教文館、2008年）、『まことの聖餐を求めて』（編著、教文館、2008年）、『神学の小径』（Ⅰ－Ⅲ、キリスト新聞社、2008－2016年）ほか。
訳書　C. E. ブラーテン／R. W. ジェンソン編『聖書を取り戻す』（教文館、1998年）、J. ロールス『改革教会信仰告白の神学』（一麦出版社、2000年）、A. E. マクグラス『神学のよろこび』（キリスト新聞社、2005年）、E. デイヴィス／R. ヘイズ編『聖書を読む技法』（新教出版社、2007年）、A. E. マクグラス『ジャン・カルヴァンの生涯』（上下巻、キリスト新聞社、2009年）ほか。

義認と自由――宗教改革500年　2017

2017年4月10日　初版発行

訳　者　芳賀　力
発行者　渡部　満
発行所　株式会社　教文館
〒104-0061 東京都中央区銀座4-5-1 電話 03(3561)5549 FAX 03(5250)5107
URL　http://www.kyobunkwan.co.jp/publishing/

印刷所　モリモト印刷株式会社

配給元　日キ販　〒162-0814　東京都新宿区新小川町9-1
電話 03(3260)5670　FAX 03(3260)5637

ISBN978-4-7642-6460-1　Printed in Japan